朱熹經學志業的形成與實

陳志信 著

臺灣 學生書局 印行

目　錄

序

　　「朱熹經學志業的形成與實踐」是志信的博士論文，是他多年來研究心得的展示。如果說漫長的學術生涯有千千萬萬個起跑點，那麼，無疑這是其中最重要的一個。

　　志信從小生長在依山傍海的宜蘭，那裏有雄偉的中央山脈、平坦的蘭陽平原、浩瀚的太平洋，在在啟示著人們應該具有樸實沉穩的個性、開闊寬廣的眼界、鈎深致遠的思想。後來志信能夠成為臺灣大學中文系的高材生、中正大學中文研究所迄今為止唯一直攻博士學位的研究生，並且走上研究宋代大儒朱晦庵的道路，除了依靠個人的好學深思、朝乾夕惕外，或許也要感謝「江山之助」吧？

　　朱子集宋代理學與經學之大成，其學術致廣大而盡精微，與東漢的鄭康成可以先後輝映。鎖定他作為研究對象並非難事，真正困難的是：數百年來，研究朱子的篇章乃至專書早已汗牛充棟，要找一個妥適的題目實屬棘手；而朱子博涉多方，著述宏富，要去整理、消化那麼多的原典與參考資料，對年輕的學子也是一大考驗。所幸志信憑著他的黽勉與

毅力，所有的難關都一一闖過了。

現在呈現在大家面前的這本論文，把朱子的心路歷程與經學事業密切結合，不僅充分表現朱子求道明道、注經解經的精神，同時也凸顯了中國經學篤實踐履、經世致用的特質。尤其難得的是：幾乎每一章都從問題意識出發，每一節都力求環環相扣，每一個論點都企圖貼緊文本，加以適當的詮釋與評論。他儘量讓全書脈絡分明，前後通貫，為了避免枝葉不夠茂密的缺失，有許多枝枝節節的補充意見，他都放在腳注裏詳加發揮。所以整本書就量而言，固然不夠驚人，就質而言，卻有相當不錯的成績。

儘管在緒論中他開宗明義就說：「這不是一篇記述朱熹治經成果的論文，而是欲藉朱熹的言論與著作來揭曉經學這門古老學問的特質所在的嘗試性作品。」但朱子治經解經的重要主張、方法與貢獻，在這本書中大抵也已包舉無遺，這對宏揚朱子之學而言，也是有所裨益的。

當然，任何一本論文都不可能十全十美，一向端愨專靜的志信頗有自知之明，也頗有改進之心，從學校的外審、口試，書局的出版審查，他都獲益匪淺。相信正式付梓之後，讀者的指教，他也會虛心接受，作為檢討改進的依據，更視為在學術跑道上不斷衝刺的助力。

志信英年劬學，目前已回到他的母校臺灣大學從事教學研究的工作，不斷地有著作發表。忝為指導教授的我，很高興他始終保持這份力爭上游的學術熱誠，因此很樂意在他第一本正式出版的專書前面，寫一些話來與他共勉，並且協助

讀者在讀其書之前，對作者有一些基本的了解。

　　九十一年十二月廿一日　莊雅州序於臺北

課虛無以責有，叩寂寞而求音（自序）

　　蟬聲盈耳的夏日，反覆批閱、修改著這篇學生時期的舊作——《朱熹經學志業的形成與實踐》，縈繞腦海的，已不全是經學的學術理論、抑或儒家道德哲學等課題，而是由初入學圈的經歷與營構論文的過程，所交織成的時或苦悶、時或甜美的複雜回憶。

　　跨入研究所階段，對每個人的生涯規劃，有著各種層面的涵義：它可以現實到只是某個學位、資歷的取得，以累積社會地位竄升的籌碼；也可消極到只是為了延續單純的學生生涯，以逃避擔子沉重的社會責任。然而，研究所與整個大學院校成立的根本目標，是否在上述的考量計算中反離我們越來越遠了呢？

　　我想，高談大學是知識的殿堂這論調，在任何時代，都會予人迂遠而闊於事情的印象吧！在此，我也無意做些障百川而東之、迴狂瀾於既倒的恢弘壯業。我只想說明白，所謂知識殿堂一語或許是指，大學是個抱持知識可有效解決人類問題這理念的處所，且以培養學子獨立建構知識的能力為職

志天責。換言之，這地方既不純然是職業訓練所，也不全然是不食煙火的避世象牙塔。它乃是以知識營構為基石所在的精巧殿宇。

是什麼樣的素材、又依循著怎樣的營造法式，才使得幢幢知識棟宇得以挺立於世？暫且撇開田野調查、臨床紀錄、實驗操作等驗證程序，當代知識的繁複運作，最終大抵得依止於論文（paper）的形式方能於知識市場中交易流通：所謂論文的形式（form），不僅是指字紙間呈現的文章格式而已，它應包含腦海中憑藉思辨能力醞釀問題意識的原初階段，營構論述框架以深淺有致地推展議題的操演過程，乃至透過文字圖碼以將議題化為各式載具（如文字、照片、圖形、還有聲光磁碟、網路傳訊等等）所需要的技術推敲等各種歷程；而這一連串的工程都指向同件事，那就是論文撰寫是依憑高度語文控馭能力——從思辨想像的心智語言到口頭、書面語言的應用等皆屬之，以將世間現象再現（represent）為學術議題、進而建構成知識體系的必經通道。

前述這十來行字寫來輕鬆，但正如學習一種陌生語言，得長年累月訓練、驅使種種感官，使人因漸嫻熟而終能應用自如一般，要能看懂論文撰寫的策略技術、乃至上手操作以營構知識系統，時間、精神的投注與耗費，自是不在話下；尤其煎熬的是，從慣於接收、整理他人知識，到學會依憑論文寫作再現知識議題、以致搭建自我小小的學問要寨，沒有人能擔保你的投資有適時的回饋、甚至一切努力是否付諸流水，通常也是個未知之數。就在這自我試煉的悠悠歲月裡，「課

虛無以則有、叩寂寞而求音」這〈文賦〉中如詩般的話語，竟隱喻性地悄悄襲上心頭……陸機藉此對語，描繪文人因對大化世界生發感悟而寫成文章的奧妙歷程，然「虛無」、「寂寞」二狀貌大化流衍無形、無聲樣態的特殊語彙，竟真觸動構擬知識體系時總常為伴的虛無、無力感，還有那盼望認同的寂寞與焦慮！

　　情況即使如此，當論文展露於世時，那股自我創造出了某種東西的成就與滿足（縱然我的學術根基仍淺薄的可以），還是深深說服我做學問的確是可樂、可欽的崇高志業！而這篇告別學生時期的長篇論文——《朱熹經學志業的形成與實踐》，除技術性的問題經過修整外，我特意讓它保留那屬於學生時期的青澀與活潑，它不但論述了經學學術性格的定位與儒家道德哲學的進路等相關議題，也細膩刻劃、如實紀錄了我學生時代的心緒起伏。

　　最後，要特別感謝莊雅州老師多年的教導，若沒有他寬厚的治學胸懷與貼心的待人態度，這篇試驗性質頗高的作品，恐怕是難以問世的！此外，也要感謝在求學歷程中曾朝夕相處的眾學友們，若沒您們奈著性子聽我反覆陳說構思中的諸多想法，這篇論文同樣是無法成型的。在知識旅途的漫漫長路上，願良師益友永遠是慰藉寂寞的知音！

陳志信

2002/8/17 序於台北

第一章　緒論

　　這不是一篇記述朱熹（1130~1200）治經成果的論文，而是欲藉朱熹的言論與著作，來揭曉經學這門古老學問的特質所在的嘗試性作品。

　　雖然經學這門學科早已喪失了傳統的崇高地位，但它不是依舊存活在當今的學術界嗎？而這種現象，難免不使人質疑討論經學的學術特徵這事是否有其必要性。所以在此，我們必須嚴正指出的是，縱然涉及傳統儒家典籍的各式研究無時無刻不在產生，但這絕不意味著闡明經學的學術性格是無關緊要的；因為情況正好相反，經學的特質早已不明於世了。對此境況，蔣年豐於〈從「興」的精神現象論《春秋》經傳的解釋學基礎〉一文中，有著如是的陳說：

> 　　從孔子私門授教開始到清末維新廢除科舉，儒家經學一直是中國學術的主流，是中國知識份子涵泳薰習的主要觀念根源，故歷代有不少儒者從事註釋或發展經學思想的工作。無疑的，對舊時代的知識份子而言，經學不但是一門學問，而且是一門高深嚴格的學問。但因它的存在與舊時代的體制關係密切，所以當舊社會體制解體之後，對新時

代的知識份子而言，以現在的學術標準來看，舊式經學的學術性格反而變得非常模糊，甚至相當陌生。但民國以來，馬浮、熊十力等大儒仍提倡讀經不遺餘力，乃有鑑於在漫長的傳承裏，經學凝蓄了中華民族最深厚的人文智慧，所以這些資產絕不可以古董視之，所以目前多有學者從小學或學術制度沿革史的進路從事研究。但對經學作為一門學問如何可能，亦即經學的學術基礎何在的問題的探討卻一直付之闕如。[1]

是以由於經學所賴以生存的傳統世界業已消逝（或說已有本質上的改變），這便使得活動於現代學界中的學人，對經學的特質早已不再熟悉；而即使存在著不少由各個角度闡發經籍內涵的作品（由義理思想至名物訓詁等皆有之），以及種種關涉經學發展歷史的研討，經學究竟是怎樣的一門學問這課題未被正視的事實，也從未改變。海德格（Martin Heidegger,1889~1976）曾將學科研究切割為依既有典則操作，與重構學問基本架構兩大部分，且作出了這樣的判斷：「雖說研究的重心始終在這種實證性之中，但研究所取得的進步卻主要不靠收集結論或把這些結論堆積到『手冊』裏面，而主要靠對各個區域（即各個學科）的基本狀況提出疑問……。」[2]這便

---

[1] 蔣年豐：〈從「興」的精神現象論《春秋》經傳的解釋學基礎〉，楊儒賓、黃俊傑編：《中國古代思維方式探索》，臺北：正中書局，1996年，頁85。

[2] 德國‧馬丁‧海德格著，王慶節、陳嘉映譯：《存在與時間》，*Sein und Zeit*，臺北：桂冠圖書股份有限公司，1994年，頁14。

點出一門學科的成長，並非一味援引材料以填實學科框架即可，因對其學問基礎的不斷省思與詰問，往往才是某學科能大幅躍進的基點所在。[3]這麼說來，如果我們還希望曾「涵泳薰習」過歷代知識份子、且「凝蓄了中華民族最深厚的人文智慧」的經學能持續發揮活力、並繼續對吾人有所啓發（亦即總還期待知識能落之實踐以發揮力量），那麼在此，顯然我們得冒險作個嘗試：即在現今的環境中，試圖清理經學塵封已久的學問基石，以重新勾勒出古老經學的學術特色來。

　　進行如是的嘗試，當然容許有不同的切入角度與各式相應的研討進路：例如，我們可以先分經別傳地研討先儒詮說各個經籍的特殊理路，再比較其中異同，以建立一個具概括性的經學理論（上引蔣年豐的論文，即是該進路的典範著作）。這樣的研究於學理的鋪述上尤爲清晰，確實爲闡明經學學術性格的必要工程。然而，基於經學是一門活生生的實踐學問的境況——即該學問總將涉及從事者本身人格之模塑、與生命意義之確立等切身問題——本文則擬由先儒是如何看待、運作經學，以趨近、踐履儒道這視角著眼，以期在重現出經學生存於其中的傳統境域之同時，得以體現這門古老學問的特質所在。也正因如此，我們方很自然地將探問的焦點集中到朱熹這位以注經大業爲終生職志的儒者身上，[4]盼望藉由朱熹與經學

---

[3]　海氏又曾作出「科學在何種程度上能夠承受其基本概念的危機，這一點規定著這門科學的水平」（出處同前註）這論點。這同樣是說，實際操作某學科當然是不可或缺的，但若要使某學科有更大的開展，那麼時時詰難、省察該學科的學術基礎亦是極其必要的。

[4]　關於朱熹一生注經的大致情況，我們可以時間爲軸稍做瀏覽：三十四歲

間互動關係的呈顯，能使吾人得以較真切地理會經學這門學科的學術性格。

在朱熹一生所思、所言、所爲的引導下，如下的問題便浮現吾人腦海，而形成爲這篇論文的核心論題：首先，先聖制作的典籍究竟在朱熹的思維中起著何種作用，詮說經典的工作又是如何運展，方促使朱熹深信經由該路徑得以趨近、乃至通曉聖賢大道？再者，經學的學術規模大抵具有怎樣的特殊性，進而導致朱熹這位身兼史學家、文學家諸身份於一身的儒者，逐漸將治學重心擺在經學上，且甚至斷絕了對某些學問的癖好？最後，作爲朱熹探索儒道的優先進路的經學志業，到底與儒者自家的道德踐履工夫存在何種關聯，而使得治經活動不僅止於紙上作業而已？

經由如是的提問，我們很清楚地察覺到這是條藉由重構朱熹求道、明道之歷程，以闡發經學之學術性格的特殊進路。更確切地說，本文是透過對「朱熹經學志業的形成與實踐」這課題的探索，以期申明經學自身的學術架構、及其與其它學問間的關聯，乃至其與儒者道德實踐活動的關係等攸關經學學術特質的問題。至於這樣的思路與提問是否適切？以及正文的處理能否得當？一切也只能依憑筆者目前的眼力與能力了！另有關具體研究進路的選擇與說明，爲論述方便則在正文中一并論說。以下進行正式的探問。

___

時朱熹作《論語要義》與《論語訓蒙口義》，四十三歲作《論孟精義》，四十八歲作《論孟集注》、《論孟或問》、《詩集傳》與《周易本義》，五十七歲作《易學啟蒙》、《孝經刊誤》，六十歲序《大學章句》、《中庸章句》，六十三歲作《孟子要略》，六十七歲修《儀禮經傳通解》，六十九歲集《書傳》，七十一歲過世前仍修改《大學·誠意章》的詮釋；這長期進展的豐富業績，說明著朱熹對此事業所付出的心血是超乎常人的。

第二章　朱熹對天道以及人道的省思

第一節　前言

　　不論是基於何種理由來檢視朱熹這位大儒一生的所言、所行，任何人都會驚異地察覺到，這個人的生命怎會與詮釋儒家典籍的經學事業如是緊密地聯繫在一塊！又其密切的程度，甚至使吾人不得不說朱熹是個將畢生生命整全展示在注經歷程上的特殊人物。而這特殊的人格形象，本身便構成一個極富意蘊、且待人深思的人文課題。

　　除易簀前仍改訂《大學‧誠意章》一事早已為人熟悉，[1]朱熹直至晚年仍努力不懈的注經事業，事實上亦是遍及其它諸經的。[2]

---

[1]　朱熹弟子蔡沈（1167~1230）於《夢奠記》中曾這麼記載著：「（寧宗慶元六年三月）初六日辛酉，改《大學‧誠意章》，令詹淳謄寫，又改數字。又修《楚辭》一段。午後大瀉，隨入宅室，自是不復能出樓下書院矣。」（宋‧蔡沈：《夢奠記》，見清‧王懋竑纂訂：《朱子年譜（四）》，北京：中華書局，1985年，《叢書集成初編》本，卷4下，頁

且使人留心的是，朱熹對該事的專注程度，時而讓他「夢寐爲之不寧」[3]，時而讓他感到天命之限制而悲歎不已，[4]甚至朱熹爲完成經

227）朱子卒於三月初九。可見其尚有一絲氣力時，仍專力於詮說經籍之事業。

[2] 如朱子於〈答李公晦〉（時年六十九）中曾云：「說《詩》近修得〈國風〉數卷，舊本且未須出，甚善。」（郭齊、尹波點校：《朱熹集（五）》，成都：四川教育出版社，1996年，卷59，頁3031）這說明朱子於其晚年仍在修訂《詩集傳》。另蔡沈《夢奠記》載道：「慶元庚申三月初二日丁巳，先生簡附葉味道，來日沈下考亭。當晚，即與味道至先生侍下。是夜，先生看沈《書集傳》說數十條及時事甚悉。精舍諸生皆在，四更方退。只沈宿樓下書院。初三日戊午。先生在樓下改《書傳》兩章，又貼修《稽古錄》一段。是夜，說《書》數十條。」（《夢奠記》，見《朱子年譜（四）》，卷4下，頁227）可見朱子於去世前六、七日，仍關心交付給蔡沈著手的《書集傳》。又朱子於〈答楊子直〉中說道：「〈夏小正〉已編入《禮書》，但所見數本率多舛誤，所示未暇參考。少俟功夫，子細校畢，即納還矣。〈四民月令〉亦見當時風俗及其治家齊整，即以嚴治平之意推尋也，亦俟抄之并納還。」（《朱熹集（四）》，卷45，頁2158）據題下小注「此庚申閏二月二十七日書，去夢奠十二日」數語，知朱子於死前亦用心於《儀禮經傳通解》的制作。另外在此要聲明的是，本節所提的書信年代，乃依據陳來先生的考證。詳見氏著：《朱子書信編年考證》，上海：上海人民出版社，1989年。

[3] 朱子於〈答黃直卿〉中說道：「覺得歲月晚，病痛深，恐不了此事，夢寐為之不寧也。」（《朱熹集（九）》，《續集》卷1，頁5153）這是感知到其於有生之年將無法完成《儀禮經傳通解》時，所自然發出的深層焦慮。

[4] 朱子於〈答應仁仲〉中曾云：「熹目盲，不能親書。所喻編《禮》如此固佳，然卻太移動本文，恐亦未便耳。老病益侵，而友朋相望，皆在千百里外，恐此事不能成，為終身之恨矣。向在長沙、臨安，皆嘗有意，欲藉官司之力為之，亦未及開口而罷。天於此學如此其厄之，何邪？可歎可

學事業，還曾發出「若更得年餘間未死，且與了卻，亦可以瞑目矣」[5]、「若使天假數年，庶幾將許多書逐件看得恁地，煞有功夫」[6]一類祈求。凡此種種，皆足以說明朱子真可謂將其畢生心力完全投注於經學大業上。[7]然而，這樣的舉止是出於純然的知性興趣嗎？縱然朱熹確實有旺盛的求學欲念，但這似乎不僅是單純的知識問題。在此，稍微回溯一下朱子早年的想法應該是必要的。

歎！」（《朱熹集（五）》，卷54，頁2707）這也是關於制作《儀禮經傳通解》的事。朱熹在想到所遇到的艱困情境，與所錯失的諸多機運時，不得不發出如是的感歎。

[5] 朱子於〈答李季章〉中說道：「熹今歲益衰，足弱不能自隨，兩脅氣痛，攻注下體，結聚成塊，皆前所未有，精神筋力大非前日之比。加以親舊凋零，如蔡季通、呂子約皆死貶所，令人痛心。益無生意，決不能復支久矣。所以未免惜此餘日，正為所編《禮傳》（即《儀禮經傳通解》）已略見端緒而未能卒就，若更得年餘間未死，且與了卻，亦可以瞑目矣。」（《朱熹集（三）》，卷38，頁1738）可見在晚年（此書作於六十九歲時）諸事皆困厄的境況下，唯一支撐朱熹的生存意志的，便是未完成的經學事業。

[6] 《朱子語類》如是載道：「說〈大學〉、《（易）啟蒙》畢，因言：『某一生只看得這兩件文字透，見得前賢所未到處。若使天假之年，庶幾將許多書逐件看得恁地，煞有功夫。』」（宋·黎靖德編，王星賢點校：《朱子語類（一）》，北京：中華書局，1994年，卷14，頁258）　由是可知朱熹讀經、釋經之企圖是如何旺盛。

[7] 朱熹弟子黃榦（1151~1221）於《朝奉大夫文華閣待制贈寶謨閣直學士通議大夫諡文朱先生行狀》中，曾以「終日儼然端坐一室，討論訓典，未嘗少輟」（宋·黃榦：《黃勉齋先生文集（三）》，北京：中華書局，1985年，《叢書集成初編》本，卷8，頁182）數語，來狀貌朱子平居之樣態，這可說正如實呈現出一個以經學事業為終生職志的生命的鮮活形象。

在三十四歲所作的〈論語訓蒙口義序〉中，[8]朱熹曾寫下了這般的話語：

> 聖人之言，大中至正之極而萬世之標準也。古之學者，其始即此以為學，其卒非離此而為道。窮理盡性，修身齊家，推而及人，內外一致，蓋取諸此而無所不備，亦終吾身而已矣。[9]

行文中透顯出朱熹對儒家典籍（在此指《論語》）的特殊信心。他以為：聖人所留下的言語非但是世間永恆的真理，且更是吾人終其一生、於人生各層面均能有所指引的無盡寶藏與泉源。而隨著朱熹的人生歷練逐漸豐富，以及學問的日漸圓融，晚年的朱熹並未曾動搖其求道可取諸經籍的信念，因為我們在他六十一歲時所作的〈書臨漳所刊四子後〉中，讀到了相應的言論：

> 聖人作經，以詔後世，將使讀者誦其文，思其義，有以知事理之當然，見道義之全體而身力行之，以入聖賢之域也。其言雖約，而天下之故幽明巨細靡不該焉。欲求道以入德者，舍此為無所用心矣。[10]

---

8 這一年也是朱熹最崇敬的老師李侗（1093~1163）過世之年。朱熹在李侗的啟發下歸向儒學，並對經典漸有體悟而嘗試詮說之，故於這年（孝宗隆興元年）開始有了《論語訓蒙口義》等初步業績。

9 《朱熹集（七）》，卷75，頁3926。

10 《朱熹集（七）》，卷82，頁4255。

這段話中讓我們感興趣的地方是，朱熹除了依然肯定經籍中蘊藏著足以啓發人生價值與方向的至理要道外，他更明白地標示出讀經、釋經是條「求道以入德」的必經進路（故謂：「舍此爲無所用心矣。」）。由此可知，畢生的實踐歷程已讓朱子完全確認經學事業是吾人求道、明道的坦蕩道路，且他更嚴正地將此領悟明喻於世。是以在此，我們心中的問題也逐漸浮現出來了，那就是：究竟儒家經典在朱熹的心中佔著什麼位置？起著何種作用？以致朱子如是推崇並讚美之。又經學這門學問是如何在朱熹的思維中運作著，進而促使朱熹這般肯定這條明道進路，甚至將其視爲是升登聖賢殿堂的唯一途徑且終身實踐之？

　　欲理解何以治經是「求道以入德」的正途大道這課題，朱熹本人對求道、明道的整個想法，自然將成爲解開問題的關鍵所在，因此，我們顯然得從對其思維世界的適當詮釋入手，才能奠定解釋正題的基石。然特別要注意的是，當吾人在詮說朱子的思維世界時，似乎不當率然搬些心性論、宇宙論、工夫論等架構，未經銓衡、不辨輕重地平板鋪敘朱子求道、明道的想法，而應順著朱熹自身思索該問題的路徑，擬構出一條相應的進路，來揭示其思維的特殊走向。以此方式，我們或可在較生動地呈現出朱熹求道、明道思維的同時，更趨近吾人所欲探曉的答案。

　　那朱熹是以何種角度來思考儒者都會遇到的求道、明道課題呢？其弟子黃榦於《朝奉大夫文華閣待制贈寶謨閣直學士通議大夫諡文朱先生行狀》（簡稱《朱子行狀》）中，總述朱子哲理及其踐履工夫的一段話，當可作爲吾人思索的指引。黃榦云：

其為道也,有太極而陰陽分,有陰陽而五行具。(人)稟
陰陽五行之氣以生,則太極之理各具於其中。天所賦為
命,人所受為性,感於物為情,統性情為心。根於性,則
為仁義禮智之德;發於情,則為惻隱羞惡辭遜是非之端;
形於身,則為手足耳目口鼻之用;見於事,則為君臣父子
夫婦兄弟朋友之常。求諸人,則人之理不異於己;參諸
物,則物之理不異於人。貫徹古今,充塞宇宙,無一息之
間斷,無一毫之空闕。(先生)莫不析之,極其精而不
亂;然後合之,盡其大而無餘。先生之於道,可謂建諸天
地而不悖,質諸聖賢而無疑矣。故其得於己而為德也,以
一心而窮造化之原,盡性情之妙,達聖賢之蘊;以一身而
體天地之運,備事物之理,任綱常之責。明足以察其微,
剛足以任其重,弘足以致其廣,毅足以極其常。其存之也
虛而靜,其發之也果而確,其用之也應事接物而不窮,其
守之也歷變履險而不易。本末精麤不見其或遺,表裡初終
不見其或異。至其養深積厚,矜持者純熟,嚴厲者和平,
心不待操而存,義不待索而精。猶以為義理無窮,歲月有
限,常歉然有不足之意,蓋有日新又新不能自已者,而非
後學之所可擬議也。[11]

暫且不論其中細部義理為何,我們可在這段總括性的文字中,大致
看出朱熹執持的哲理思路乃是:凡人都是在大道運行下方生存於

---

[11] 《黃勉齋先生文集(三)》,卷8 ,頁183。

世，故任何個別的人自身的形軀以及本具的德性，均是由該生化作用所成就出來的（故謂：「（人）稟陰陽五行之氣以生，則太極之理各具於其中。」）。又更重要的是，只要人過活得當，亦即心性情一類內在特質修持完滿，乃至手足耳目口鼻等官能的驅使也無不得當，大化流行亦保證人得以與同在該生化中、且共同組構成生活網絡的他人、萬物發生適切的感應與交通，進而使人能與大化流行的脈動合一，以至活出無限的生命意義（故謂：「求諸人，則人之理不異於己；參諸物，則物之理不異於人。貫徹古今，充塞宇宙，無一息之間斷，無一毫之空闕。」）。而為回應這以與道相融為價值所在的哲思，朱熹的實踐進路則是由毫不間斷的格物致知工夫入手，之後透過無限定範圍的紮實踐履（即文中所云「莫不析之，極其精而不亂；然後合之，盡其大而無餘」數語），朱熹終能在全然理會、參透生存世界背後的大道的境況下體道而為、無違於理，上達與道同一的人生至境。如果我們以今日的中國哲學概念來看待朱熹這種求道、明道的思維，那麼它該是以理氣運行這類宇宙論論述為核心的一套想法——亦即由大化流行開始思索人的生存價值，並以復返大道為理想的人生境界。

既然朱熹對求道、明道的想法，是以理氣生化為中心展開的，[12]是以當我們在試圖瞭解朱子的思想時，也應順其思路的這種特定

---

[12]劉述先先生曾由《朱子語類》編次的順序，標示出朱子思維的這種特殊性。劉先生云：「《朱子語類》卷一一上來就是討論理氣問題，可見這一個問題在他的哲學思想中的重要性。由存有論的次序言，自必先由理氣而後談到性情心的問題，朱子門人後學所契似正是這樣的存有論思想，故由此次序順下來講，不由盡心知性知天的路數逆反上去講。」（劉述先：《朱子哲學思想的發展與完成（增訂本）》，臺北：臺灣學生書局，1995

走向，採用如是的詮釋進路：首先我們將理解，朱熹是如何思索吾人與他人、萬物共存於其中的大化世界？而其最終所領悟到的，究竟是怎樣的世界樣態？其次，本文得說明何以朱子選擇格物致知這條進路，以嘗試參與（或說回返）大化世界的運行？也就是說，格致這條踐履進程在朱熹的詮說中到底具有何種特徵，因而使朱熹深信這是條可走得通的明道路子？透過上述這亦以宇宙論思維為中心所拓展出的解釋進路，吾人當可更確切地掌握朱子於求道、明道方面的思想特質吧！

朱熹曾以行進於道路上的意象，這麼把捉宇宙生化永不止息的樣態：「至大而天地，生出許多萬物，運轉流通，不停一息，四時晝夜，恰似有箇物事積踏恁地去。」[13]此外，當論及人於世上當行的事時，朱子仍是連繫於道路的意象，作了如下的發揮：

> 道訓路，大概說人所共由之路……因舉康節云：「夫道也者，道也。道無形，行之則見於事矣。如『道路』之『道』，坦然使千億萬年行之，人知其歸者也。」[14]

這些話語當可使我們瞭解到：在朱子的思維中，大化流行是往一定方向永恆運作的（此即「運轉流通，不停一息，四時晝夜，恰似有

年，頁274）可見朱子門人由於準確地抓住其師哲理的特性，故在編訂《語類》時方以「理氣」先於「性理」。又這種思路，亦有別於如陸王一派以心性論為中心而開展出的思想（即劉先生文中所說「由盡心知性知天的路數逆反上去講」的思考路數）。

13 《朱子語類（一）》，卷4，頁60。

14 《朱子語類（一）》，卷6，頁99。

箇物事積踏恁地去」所云）——此或可稱爲「天道」；而相應於天道之生化不息，人亦有所當「共由之路」，以參天地之造化——對此，即當命名爲「人道」。那麼朱子的整個求道、明道的思維，可說便是在探訪與踐履一條能應合天道的人的復返道路了（將復返於大化之流行，此即引文中「人知其歸者也」的意思）。是以在下文中，我們便姑以「天道」、「人道」二者，作爲理解朱子思想的主要觀念，並以「朱熹對天道以及人道的省思」爲主題，來展開正式的詮釋。[15]

---

[15] 朱熹繫聯於「道路」的意蘊，來闡說早成為哲理與價值觀念的「道」，實是種饒富古意的說法；而這說法的最大意義，乃是重新彰顯了「道」字本具的往特定方向行進的實踐意蘊。有關「道」字的原始意義，劉翔先生作過字源學上的考述：「例（1）䇂是迄今所見道字最早的一例（是西周金文），從行從首會意。所從行，像四達之衢，即今所謂十字街口；所從首，為人頭之形。從行從首，像人張首處於十字街口之狀，以示辨明方向引道而行之意。由此初文，知其本義當是引道而行。從行從首的『道』，引導道路，必具有一定的方向性，即許慎所說『一達謂之道』，具有一定方向的道路就稱為『道』，這已屬道字本義引道而行的引伸義了。例（2）䇂增加了一個止符（亦西周金文），從行從止從首，引道行走之意更明顯，是『道』的異構字……例（4）䇂從辵從首（為戰國金文），是道字定型後的標準寫法，為小篆所本。」（劉翔：《中國傳統價值觀詮釋學》，上海：上海三聯書店，1996年，頁244）由此可知，不論是從行從首，或再加上止符的初期寫法（這加「止」符者，後來因「行」之半「彳」與「止」相互結合成「辵」符，而成為今日「道」的字型），均體現出人於道路上立定方向且行進之動態意涵，故此字本就有踐履的意義在內。又正文裡朱熹的理論掌握了「道」字的本源意義這點，也確實是可肯定的事了。

第二節　大化流行生育萬物

《朱子行狀》一開頭，便記載著如是吸引人的數段事蹟：

> 先生以建炎四年九月十五日午時，生南劍尤溪之寓舍，幼
> 穎悟莊重。能言，韋齋（朱子父朱松）指示曰：「此天
> 也。」問曰：「天之上何物？」韋齋異之。

> 就傅，授以《孝經》，一閱封之，題其上曰：「不若是，
> 非人也。」

> 嘗從群兒戲沙上，獨端坐以指畫沙，視之，八卦也。[16]

字裡行間所隱含的意思乃是：人究竟是在怎樣的境況中生存這課
題，自朱熹甫懂事以來便伴隨著他，[17]且朱子甚至早就試圖藉由古

---

[16]《黃勉齋先生文集（三）》，卷8，頁161。

[17]朱熹幼年問「天之上何物」一事，並非孩童隨興的提問，因我們在《朱
子語類》中曾發現這樣的告白：「某自五六歲，便煩惱道：『天地四邊之
外，是什麼物事？』……某時思量得幾乎成病。」（《朱子語類
（六）》，卷94，頁2377）可見朱熹當年是認真地思索此課題的。

人所留下的文化資產（如申明宇宙之理的八卦）來進行理解。又更值得注意的是，由於幼年的朱熹亦早便肯認倫常道德的生活世界（故方如此看重闡揚倫常的《孝經》，並以能否於人際網絡中踐履孝道為定義人的準繩），這便導致朱熹此番探問終將不離其對人文價值的反思，而未朝客觀自然科學知識的建構邁進。假若人類價值的形塑離不開對生存環境作相應的意義詮釋這說法，是合乎文明萌發的境況的，[18]那麼，朱熹可說正是在此路向上一面細心地理解世界的意義，一面在此理解進展的同時，詮釋人類生存的價值何在。[19]

　　傳世的朱子文獻留下大量攸關世界樣貌的敘述文字，而其內容、層次的繁複程度，甚至可以龐蕪一詞來稱述之。情況即使如此，吾人大抵仍可用世界是如何形成的、以及這成形後的世界又呈顯出何種樣貌這兩個相扣的主題，來概括朱熹的種種言論。至於本節的主要工作，便是揭示所謂人生活於其中的世界在朱熹看來是如何形成的這前個課題了。

---

[18]德國現象學家克勞思・黑爾德（Klaus Held,1936~）曾簡要地提到：「人類和自然世界相處的經驗和自然世界的意義建構，正是人文發展的基礎。」（羅麗君：〈當代德國哲學及其處境──訪問德國現象學家克勞思・黑爾德〉，《當代》第133期/復刊第15期，1998年9月，頁75）　而這種思考，與傳統中國以人類文明源自先聖懂得用太極、卦象等符號，對世間樣態進行成套詮說這想法，大抵上可說是相通的。

[19]朱熹思索人生價值何在的這條「宇宙論」進路是有意思的，因該路向本身便透顯出唯善體吾人生活於其中的世界樣貌，方能完成一套得以落實的生命意義詮釋這種慧見。而這也意味著，朱熹不認為吾人可由憑空設想、或藉虛擬情境的方式來形構理想，因如是的理想終將歸於虛幻，而無法實現於具體人生中。

　　由於朱熹是採用藉多面向的語言風貌來陳說論題這描繪性格極濃厚的路數，來把捉、形容宇宙生化的神妙歷程，所以當我們一觸及朱熹該方面的學說時，像「理一氣」、「太極一陰陽五行」、乃至「道、天道」等一組組觀念所投射出的各式生化圖樣，也立即湧入吾人的眼簾內。那在這紛紜的說法裡，吾人將如何清理出頭緒呢？基於朱熹的論述在相當程度上，是接續自《易經》乃至周敦頤（1017~1073）《太極圖說》這條悠久的傳統，我們若擇取「太極一陰陽五行」這組觀念來開展正題的論述，該是較爲適切的作法吧！

　　就讓我們首先由「太極」這觀念談起。說到太極，它向來就是傳統思維用來標示宇宙生化終極源頭的慣用語彙。無獨有偶的是，匯聚朱子宇宙論學說的《朱子語類》首卷，恰好正是由太極的討論開始的。《語類》首卷首條這樣記載著：

> 問：「太極不是未有天地之先有箇渾成之物，是天地萬物之理總名否？」曰：「太極只是天地萬物之理。在天地言，則天地中有太極；在萬物言，則萬物中各有太極。未有天地之先，畢竟是先有此理。動而生陽，亦只是理；靜而生陰，亦只是理。」[20]

問答中朱熹的意思相當明確：作爲宇宙根源所在的太極，是不可用指說某客體、對象的態度去理解、對待的天地萬物存在道理；而爲

---

20 《朱子語類（一）》，卷1，頁1。

仔細闡明太極這至高又無可把捉的特徵，朱熹乃反身溯源於無盡的傳統寶藏中——包括濂溪（《太極圖說》）「無極而太極」的學說、《尚書・洪範》裡「皇極」的語意，以及「極」字本身的字源意蘊，而道出了如下的詮說：

> 曰：「……無極只是極至，更無去處了。至高至妙，至精至神，更沒去處。濂溪恐人道太極有形，故曰『無極而太極』，是無之中有箇至極之理。如『皇極』，亦是中天下而立，四方輻湊，更沒去處；移過這邊也不是，移過那邊也不是，只在中央，四畔合湊到這裡。」又指屋極曰：「那裡更沒去處了。」[21]

引「無極而太極」的說法，乃是以「無極」一詞的渾沌意涵，來狀貌太極作為道理不可捉摸、不能視為某物的特色；[22]至於回溯到〈洪範〉篇裡「皇極」的意義，乃至更原始地藉「指屋極」的肢體動作，帶出「極」字的本初字義，則是想借助作為萬民標竿的君王立身準則的「皇極」語意，以及「極」字為屋舍至高處之棟樑的文字本義，讓太極原就涵蘊的至高至極、無法究詰的意旨得以體現。

---

[21] 《朱子語類（六）》，卷94，頁2369。

[22] 故朱熹曾說：「『無極而太極。』蓋恐人將太極作一箇有形象底物看，故又說『無極』，言只是此理也。」（《朱子語類（六）》，卷94，頁2365）又說：「周子因之而又謂之『無極』者，所以大『無聲無臭』之妙也。」（頁2366）凡此，皆足以說明朱熹是相當積極地借用濂溪「無極」一詞的涵意，來狀貌太極無可道說、亦非一物的特徵。

[23]而經由這一連串傳統資產的反芻與闡釋，朱熹顯然已能明晰地傳達出太極的徵性所在，再來的，便是關於在太極這萬物根源至理已被領會後，實際的大化世界又是怎麼形成的描述了。

有關世界樣態的形成，朱熹曾順著《太極圖說》的語脈、配合著「陰陽」這表述生化的傳統觀念，作出這般的勾勒：

> 「動而生陽，靜而生陰」，動即太極之動，靜即太極之靜。動而後生陽，靜而後生陰，生此陰陽之氣。謂之「動而生」，「靜而生」，則有漸次也。「一動一靜，互為其根」，動而靜，靜而動，闢闔往來，更無休息。「分陰分陽，兩儀立焉」，兩儀是天地，與畫卦兩儀意思又別。動靜如晝夜，陰陽如東西南北，分從四方去。「一動一靜」以時言，「分陰分陽」以位言。方渾淪未判，陰陽之氣，

---

[23] 《說文解字》中載道：「棟，極也。從木，東聲。極，棟也。從木，亟聲。」段注「棟」下云：「極者，謂屋至高之處。」「極」下云：「今俗語皆呼棟為梁也。」（清‧段玉裁：《說文解字注》，臺北：天工書局，1987年，影印經韻樓本，篇6上，頁31下）可見「極」字本便指棟樑，是屋舍之至高處。而朱熹言「太極者，如屋之有極，天之有極，到這裡更沒去處，理之極至者也。」（《朱子語類（六）》，卷94，頁2374），這便是藉「極」之本義，以彰顯太極作為至高道理的意義。朱熹又謂：「皇者，王也；極，如屋之極；言王者之身可以為下民之標準也。」（《朱子語類（五）》，卷79，頁2045~2046）、「『皇極』，如『以為民極』。標準立於此，四方皆面內而取法。皇，謂君也；極，如屋極，陰陽造化之總會樞紐。極之為義，窮極極至，以上更無去處。」（《朱子語類（五）》，卷79，頁2046）這乃是更進一步藉「屋極」、「皇極」的意象，來申明「太極」崇高無比的地位。

混合幽暗。及其既分，中間放得寬闊光朗，而兩儀始立。康節以十二萬九千六百年為一元，則是十二萬九千六百年之前，又是一個大闔闢，更以上亦復如此，直是「動靜無端，陰陽無始」。[24]

在這段詮釋中，朱熹乃對萬物生存境域的形構歷程，作了架構式的提點：在陰陽二氣的運行下，「動而靜，靜而動，闔闢往來，更無休息」這沒終始可說無盡時間之流便被拉出了，而天地四方這「寬闊光朗」的無窮空間也隨之成形。[25]至於援引邵雍（1011~1077）「以十二萬九千六百年爲一元」（《觀物篇》）的說法，乃透顯出天地四方這生存空間在朱熹的想法中，是隨時間之流衍而呈顯出一番又一番的損益變幻的。[26]所以整體說來，朱熹認爲吾人以及世間

---

[24]《朱子語類（六）》，卷94，頁2367。

[25]朱熹曾謂：「陰陽有箇流行底，有箇定位底。『一動一靜，互爲其根』，更是流行底，寒暑往來是也；『分陰分陽，兩儀立焉』，便是定位底，天地上下四方是也。」（《朱子語類（四）》，卷65，頁1602）又謂：「陰陽，有相對而言者，如東陽西陰，南陽北陰是也；有錯綜而言者，如晝夜寒暑，一箇橫，一箇直是也。」（頁1603）這便是說，縱然時空皆是陰陽二氣生化出的，但時間基本上是陰陽輪替、消長造就成的，而空間，則是並列的陰陽交相作用拓展出的，二者的運作不盡相同。

[26]對此情況，朱熹與弟子間乃有下面的談話——問：「自開闢以來，至今未萬年，不知已前如何？」曰：「已前亦須如此一番明白來。」（《朱子語類（一）》，卷1，頁7）又有一則——問：「不知人物消靡盡時，天地壞也不壞？」曰：「也須一場鶻突。既有形氣，如何得不壞？但一箇壞了，又有一箇。」（《朱子語類（三）》，卷45，頁1155）可見在朱熹的想法中，世界是經歷過一番又一番、一箇又一箇的開拓過程的。

它物，便是生存在這陰陽二氣運行下所成就出的既無邊際、且持續變化的時空境域中。而針對生存境域的這種意涵，朱熹又曾聯繫於「宇宙」一詞，作出以下的概括性敘述：

> 這箇太極，是箇大底物事。「四方上下曰『宇』，古往今來曰『宙』。」無一箇物似宇樣大：四方去無極，上下去無極，是多少大？無一箇物似宙樣長遠：亙古亙今，往來不窮！自家心下須常認得這意思。[27]

四方上下寬廣無際，時間之流亦不見終始，這就是所有曾經存在、當下現存乃至未來將在的萬事萬物共存於其中的生活領域。

那在這時空的框架下，其它細微的東西是如何形成的呢？朱熹繼續經由對《太極圖說》語句的詮釋，作了如下的道說：

> 「陽變陰合而生水火木金土。」陰陽氣也，生此五行之質。天地生物，五行獨先。地即是土，土便包含許多金木之類。天地之間，何事而非五行？五行陰陽，七者滾合，便是生物底材料。「五行順布，四時行焉。」金木水火分屬春夏秋冬，土則寄旺四季。如春屬木，而清明後十二日即是土寄旺之時。每季寄旺十八日，共七十二日。唯夏季十八日土氣為最旺，故能生秋金也。以圖象考之，木生

---

[27] 《朱子語類（六）》，卷94，頁2370。

火、金生水之類,各有小畫相牽連;而火生土、土生金,
獨穿乎土之內,餘則從旁而過,為可見矣。[28]

其中詳盡的演化情形雖不甚清楚,但朱熹的大體意思蓋是:陰陽二
氣再搭配上金木水火土五種基本材質,將巨細靡遺地生化出世上實
存的萬事萬物(故謂:「天地之間,何事而非五行?五行陰陽,七
者滾合,便是生物底材料。」);換句話說,五行也就成了萬物生
化歷程中所不可或缺的必要條件。[29]而在另一方面,五行在時間上
亦造就出春夏秋冬的季節遞換,這便顯示五行除對世間事物有所作
用外,時間之流的纖細變化也脫不開它們的影響。那麼總體來講,
時空中任何事物、情況的微妙生化,可說都是在陰陽五行之交互作
用中形塑出來的,而朱熹思維中繁複的大化世界,便是這麼形成
的。[30]

---

[28] 《朱子語類(六)》,卷94,頁2367~2368。

[29] 朱熹曾云:「陰陽是氣,五行是質。有這質,所以做得物事出來。」
(《朱子語類(一)》,卷1,頁9)可見在朱熹看來,五行確實是生化歷
程中所不可或缺的環節。

[30] 這套奠基於氣化運行觀點上的宇宙生化解釋,其實並未能清晰論證出形
下世界中的萬事萬物究竟如何成型這攸關演化歷程的課題——如陰陽五行
究竟是怎麼相互搭配、作用,而成就出種種性質不同、層面各異的世間事
物。不過,楊儒賓先生曾指出這類氣化理論通常「並不是用來解釋它『如
何』生諸事物,而是用於解釋諸多事物『為何』可以被生」(楊儒賓:
〈中國古代思想中的氣論及身體觀‧導論〉,見氏編:《中國古代思想中
的氣論及身體觀》,臺北:巨流圖書公司,1993年,頁6),這便點出是
類說法(楊先生文中主指陰陽二氣,以及《左傳》、《國語》中的陰陽風
雨晦明六氣說,不過亦可概括如朱熹陰陽五行說一類同性質之理論)的重

　　藉由「太極─陰陽五行」這組傳統觀念的運用，以及依止於對前人學說的詮解，朱熹大抵已對宇宙生化的歷程有了基本的描繪。所以我們方可在〈答楊子直〉一書信中，讀到如是成熟的言語：

> 蓋天地之間，只有動靜兩端，循環不已，更無餘事，此之謂易。而其動其靜，則必有所以動靜之理焉，是則所謂太極者也。聖人既指其實而名之，周子又為之圖以象之，其所以發明表著，可謂無餘蘊矣。原極之所以得名，蓋取樞極之義。聖人謂之太極者，所以指夫天地萬物之根也。周子因之而又謂之無極者，所以著夫無聲無臭之妙也。然曰無極而太極，太極本無極，則非無極之後別生太極，而太極之上先有無極也。又曰五行陰陽，陰陽太極，則非太極之後別生二五，而二五之上先有太極也。以至於成男成女，化生萬物，而無極之妙概未始不在是焉。此一圖之綱領，《大易》之遺意，與老子所謂物生於有，有生於無，而以造化為真有始終者正南北矣。[31]

整段語句非但文氣流暢，意蘊亦堪再三玩味，而朱熹嫻熟地將前賢學說（指由《易經》至《太極圖說》這條以太極、陰陽、五行為論述觀念的傳統）融入文脈中的寫法，在在說明朱熹確實已藉由對傳

點，是在提供一套萬象世界所以形成的依據說明，而不在詳究形下世界形塑過程中的繁複細節。所以沒有形構出一套實際的演化理論，倒也不至嚴重影響氣化學說的價值。

[31] 《朱熹集（四）》，卷45，頁2153~2154。

統學理的消化，大致形構出一套足為儒者執持的世界圖像。然在此我們必須指出的是，縱使朱熹完成了上述這尚稱完備的論述，但該圖像在朱熹看來，畢竟是過於籠統而無法捕捉到大化流行的神妙樣態。至於其中問題的癥結，恐怕當出在「太極—陰陽五行」這套描述，終究未能明白交代萬象世界形成的真正關鍵所在——亦即至高而抽象的太極，到底是如何落身於陰陽五行這具實際材質的氣質中，進而生化出可為吾人感知、且事事物物皆有絕對價值的大化世界。[32]也許正因如此，朱熹方又取資於理學學圈的常用觀念：「理—氣」，以嘗試藉不同角度拓展出的視域，來映照太極陰陽圖像所沒法輝映的幽暗角落。[33]所以在此，我們顯然也得隨之位移，而得將焦點關注在朱熹的理氣學說上了。

　　論及朱熹的理氣學說，由於其特徵在相當程度上，是受到朱熹思維中「理」字意蘊的引導，是以究明朱子對「理」字的意涵探問，便是吾人的首要工作了。而《朱子語類》正載有如斯的言語：

---

[32]朱熹曾說：「太極非別是一物，即陰陽而在陰陽，即五行而在五行，即萬物而在萬物，只是一箇理而已。」（《朱子語類（六）》，卷94，頁2371）又說：「才說太極，便帶著陰陽；才說性，便帶著氣。不帶著陰陽與氣，太極與性那裡收附？」（出處同前）這些話語如實呈顯出至高的太極必將落身於氣化歷程中的事實。但太極如何落身？如何「帶著陰陽」？又如何「即陰陽而在陰陽，即五行而在五行，即萬物而在萬物」？對此，「太極—陰陽五行」學說並未能作出清晰的交代，而這便是此套學說的盲點所在。

[33]朱熹可以用傳統的氣化理論，籠統帶過形下世界中繁瑣的演化歷程，但身為理學家的朱子，為詮釋出世間萬物的價值與意義，便不得不在宇宙根源至理如何落實於氣化世界中這關鍵點上有所用功。所以轉換視角的論說便是在所必行的了。

> 理是有條理，有文路子。文路子當從那裡去，自家也從那
> 裡去；文路子不從那裡去，自家也不從那裡去。須尋文路
> 子在何處，只挨著理了行。

> 「理如一把線相似，有條理，如這竹籃子相似。」指其上
> 行篾曰：「一條子恁地去。」又別指一條曰：「一條恁地
> 去。又如竹木之文理相似，直是一般理，橫是一般理。有
> 心，便存得許多理。」[34]

令人感到意外的是，朱熹竟是由普遍可見的各式紋路、條理，來審
思「理」字的意蘊所在；而如是的進路使朱熹瞭解到：不論是自然
形成的紋理（如竹木上的天然紋路），抑或是在某原則之運作下，
經人手製作出的條紋（如竹籃上縱橫交錯的條理），其本身即涵藏
著某種具範示、指導作用的抽象意義（引文中「文路子當從那裡
去，自家也從那裡去；文路子不從那裡去，自家也不從那裡去」數
語所透顯出的，正是這種含意）。是以在朱熹看來，「理」作爲哲
理觀念的基本特徵，亦即爲實際活動背後那亙常不變的指引這特
質，其實早在「理」字的意蘊中已被真切道出了。[35]那麼，當這作

---

[34]《朱子語類（一）》，卷6，頁100。

[35]值得一提的是，清儒戴震（1724~1777）亦是由「紋理」、「條理」的
意涵來省思「理」的意旨。如其於《孟子字義疏證》這部名著的開頭處，
便這般說道：「理者，察之而幾微必區以別之名也，是故謂之分理。在物
之質曰肌理，曰腠理，曰文理。得其分，則有條而不紊，謂之條理。」
（見氏著：《孟子字義疏證》，臺北縣：藝文印書館，1967年，《百部叢
書集成》影印《指海》本，卷上，頁1上）只是戴震由此將「理」的意義

爲定理、定則的哲思觀念：「理」，被朱熹運用到宇宙生化的描述時又將產生何種理論效果呢？底下所徵引的文獻或將提出答案。

《朱子語類》載有一段關涉《太極圖說》內容的討論，它是這麼記錄的：

> 問「動靜者，所乘之機」。曰：「太極理也，動靜氣也。氣行則理亦行，二者常相依而未嘗相離也。太極猶人，動靜猶馬；馬所以載人，人所以乘馬。馬之一出一入，人亦與之一出一入。蓋一動一靜，而太極之妙未嘗不在焉。此所謂『所乘之機』，無極、二五所以『妙合而凝』也。」
> 36

爲向問者闡釋「動靜者，所乘之機」這涉及宇宙生化情境的語句（這是朱熹在說解《太極圖說》時曾說出的語言），朱熹乃會通於「理—氣」這組觀念的特徵（主要是「理」作爲實際活動背後那恆常不變的指引這特徵），作出了引文中的著名妙喻：一如人不直接奔跑、而是跨在馬背上指揮其行進般，太極作爲實際生化活動背後的定理，也只是指引氣化活動的運作而本身並無活動。這譬喻的最大好處，乃在它一方面既巧妙交代了抽象的太極至理何以能生化出萬象世界這難解的課題——即由太極指導氣化的力量來生育萬物，

拉到形下層面說，而與朱熹的作法恰成對比。不過這情況倒也透露出看似水火不容的朱學與戴學，在撇開意識型態的作用下當仍有溝通的可能。又這也正是關心理學與樸學之相互關係的學人該下功夫的課題。

36 《朱子語類（六）》，卷94，頁2376。

一方面亦因能穩住了太極至理的高潔意蘊，而使得在氣化運行下所成就出的萬事萬物均保有絕對的價值——因太極只起指引作用而未曾真正行動，故於氣化後，太極總能在事物背後執持不變之身段而未有絲毫偏差。如是一來，前頭提到的「太極—陰陽五行」圖像所未解決的問題，可說便在「理—氣」這組觀念所起的轉化作用下，一一得到較適切的安頓。

當朱熹脫離《太極圖說》的語境，而獨立藉「理—氣」觀念敘說大化流行的樣態時，上述的理論效果便更加顯明了。如《朱子語類》的這條記載便是明證：

> 蓋氣則能凝結造作，理卻無情意，無計度，無造作。只此氣凝聚處，理便在其中。且如天地間人物草木禽獸，其生也，莫不有種。定不會無種子白地生出一箇事物，這箇都是氣。若理，則只是箇淨潔空闊底世界，無形跡，他卻不會造作；氣則能醞釀凝聚生物也。但有此氣，則理便在其中。[37]

一方面說，理只是「無情意」、「無計度」、「無形跡」的「淨潔空闊底世界」，真能「凝結造作」且「醞釀凝聚生物」的則是氣；另方面說，當氣起實際生化作用時，理也總會在活動背後起著指導與引領的作用（故謂：「只此氣凝聚處，理便在其中。」又謂：「但有此氣，則理便在其中。」）。而理、氣間這既不即、又不離

---

[37]《朱子語類（一）》，卷1，頁3。

的特殊關係，可說正精確地傳達出朱熹心中大化流行的真實樣態——空潔至理雖不曾直接生育萬物，但實際生物的氣化過程，亦總得依循理的引導方可進展。又大抵也正因「理—氣」觀念的這種精確性，才使得朱熹本人尤常藉該學理來表述宇宙生化的境況（這便進而促使後人在提及朱熹的宇宙論學說時，通常亦總以理氣論為論述之核心），而理氣論在朱熹學說中的重要性，由此便可見一斑了。

　　只是這極力強調「理」的「淨潔空闊」性格的理氣論學說，[38]因過度渲染了「理」那亙常不變的特徵，故在相當程度上，亦大大減煞了「理」的流行意蘊（即那總將指引氣化活動以生育萬物的意涵），且甚至將造成理兀自是理、而將與氣化歷程相互斷開的危險。對此，朱熹雖曾再三強調理氣之分只是哲理思維上的區別，在實際境況裡理必是現身於氣中的。[39]然這努力的效果其實極為有

---

[38] 劉述先先生認為朱熹如是強調理的高潔性，乃與他參中和的實際經歷有密切關係：朱熹因感到修養工夫沒依止處，故總要找尋一個足以依恃的永恆至理來倚靠（詳見氏著：《朱子哲學思想的發展與完成》，頁71~138）。而若放到思想史的脈絡上看，宋明理學的一個重要目標其實就在形構一套具儒家性格的至高天理觀（參見余英時：《中國近世宗教倫理與商人精神》，臺北：聯經出版事業公司，1986年，頁52~65）。而身處此思潮中的朱熹，自然對此課題會較為敏感，故總想一再申論理的高潔性。

[39] 如朱熹曾謂：「理未嘗離乎氣。然理形而上者，氣形而下者。自形而上下言，豈無先後！」（《朱子語類（一）》，卷1，頁3）這便道出理氣先後之分，乃是指在哲理上形上之理是得預先設想的（先於形下之氣）。而朱熹又曾說：「要之，也先有理，只不可說是今日有是理，明日卻有是氣；也須有先後。」（頁4）這便是說理氣在哲理上固要分先後，但由於在真實境況裡理必是存於氣中的，所以在時間之流上，理與氣是不會有先後區別的。又正因實際狀況如此，朱熹有時方亦可說出「如陰陽五行錯綜

限：畢竟，正如人跨馬行進般，作爲氣化身後之指引者的「理」，恐怕也有不上馬的可能吧！[40]而爲回應這困難，朱熹的作法乃是再次轉換視角。這時，歸返於「道」、抑或「天道」這傳統觀念，便是朱熹必然的路向了。

誠如前節所云，朱熹基本上是由「道路」這字源意涵，來省思已成哲思觀念的「道」。所以「道」雖然亦如「理」般，因作爲萬物背後之根源至理而持有絕對的高潔特徵，但它卻多了份總必通向實踐的動態意蘊（此意蘊即來自「道」字本具的往特定方向行進的實踐意蘊）。朱熹曾云：「道者，兼體、用，該隱、費而言也。」

不失條緒，便是理」（頁3）一類後代「理氣一元論者」常說的圓融話頭。

[40]明儒曹端就曾針對朱熹「理之乘氣，猶人之乘馬」這妙喻，作過這般的質疑：「及觀《語錄》，卻謂太極不自會動靜，乘陰陽之動靜而動靜耳。遂謂理之乘氣，猶人之乘馬。『馬之一出一入，而人亦與之一出一入』，以喻氣之一動一靜，而理亦與之一動一靜。若然，則人爲死人，而不足以爲萬物之靈；理爲死理，而不足以爲萬物之原。理何足尚，而人何足貴哉？今使活人乘馬，則其出入行止疾徐，一由乎人馭之乎何如耳。活理亦然。」（明·曹端：〈辨戾〉，見清·董榕輯：《周子全書》，臺北：武陵出版社，卷5，頁86）曹端此番質疑的最大價值，在它真切地指出朱熹理氣論學說有進一步轉化的必要，亦即得朝補足大化流行的動態意蘊這方向來拓展，否則他將很難完成一套完滿的宇宙生化詮說。此外，若與其他理學家認爲天理將直接生育萬物的學說相較，朱熹爲維繫理的高潔性，而將理設定爲只指引氣化活動而實不自行運作的做法，的確大大降低了至理化生世間事物的動力。故牟宗三於其名著《心體與性體》裡，便曾以「朱子理會『太極之理』之偏差」爲標題，揭示了朱熹學理的這個問題。詳見氏著：《心體與性體（一）》，臺北：正中書局，1968年，頁368~389。

28

[41]這便透露出，朱熹確已深刻把捉到「道」所特有的總將落之實踐、且體現出多樣用途的動態意旨。此外朱熹又曾說道：「道，須是合理與氣看……《易》說『一陰一陽之謂道』，這便兼理與氣而言。」[42]這乃顯示出在表述大化流行的境況時，朱熹以爲「道」這觀念是可同時涵攝靜態的「理」、乃至動態的「氣」的。[43]是故在〈太極說〉中表述宇宙生化的流行樣態時，朱熹能以「動靜無端，陰陽無始，『天道』也」[44]數語，精要地道說出一片流動無息的宇宙圖像，看來也是極其自然的事了。而這幅流動無息的生化圖樣，不正適時挽救了理氣論所可能引發的危險，亦即那理兀自是理、而將與生化歷程斷絕開來的窘境！是以吾人若說由「道」、抑或「天道」等觀念所形構出的世界圖像，是朱熹宇宙論思維在邁向圓融境地前所必將匯歸的方向，倒也不算是無的放矢的詮釋了。

　　論述至此，我們大致可以形成這樣的理解：朱熹對宇宙生化過程的描繪雖在「太極一陰陽五行」圖像中已具雛形，但它還得在足以維繫太極至理之高潔性的「理一氣」圖像，與能真切彰顯生化歷程永不止息的流動意蘊的「道、天道」圖像的交相搭配下，才能得

---

[41]《朱子語類（一）》，卷6，頁99。

[42]《朱子語類（五）》，卷74，頁1896。

[43]「道」與「理」的差異，除在「道」能兼具動態意涵，而「理」僅限於靜態意旨外，「道」可遍指所有道理，而「理」通常只用來指稱某項事理這點，也是它們之間的不同。如朱熹曾云：「道便是路，理是那文理……『道』字包得大，理是『道』字裡面許多理脈……『道』字宏大，『理』字精密。」（《朱子語類（一）》，卷6，頁99）這便是藉「路」與「文理」的文字意蘊，帶出二者在廣闊度上的分野。

[44]《朱熹集（六）》，卷67，頁3536。

到完滿的呈顯。所以整體說來，朱熹顯然以爲宇宙便是在至極道理
必將落於氣化生物的行程中所成就出的，而這就是朱熹心目中的宇
宙生化圖樣。[45]不過本文更想著力申明的是，若由不同觀念所拓展
出的各有偏重的生化圖樣來看，朱熹在訴說其內心的想法時，是有
其發展軌跡可追溯的：由全面然籠統的「太極─陰陽五行」圖像，
到精準度高但欠缺流行意味的「理─氣」圖像，乃至得以透顯生化
歷程生生不息旨意的「天道」圖像；而主由「道」這實踐意涵尤爲
濃厚的哲思觀念所揭示出的天道觀──大化流行永在生育萬物的路
程上行進，可說便是朱熹生化思維的圓融化境與最終圖樣了。這也
正是慣用理氣論學說來概括朱熹宇宙論思想的現代學人，所當重新
審思、正視的流動圖像。

第三節 網絡交錯的世界圖像與
人當抱持的因應態度

---

[45]劉述先先生於〈朱熹的思想究竟是一元論或是二元論〉一文中，曾以
「形上構成的二元論」與「功能實踐的一元論」二主軸，來把捉朱子宇宙
論思維的徵性（劉述先：〈朱熹的思想究竟是一元論或是二元論〉，見氏
著：《朱子哲學思想的發展與完成‧附錄》，頁639~662）。而前者大抵
類同本文的「理─氣」圖像，後者則與本文的「道、天道」圖像相通。劉
先生曾如斯說道：「朱子這種功能實踐的一元論並不矛盾於他的形上構成
的二元論，事實上只有兩方面合看，才能得到朱子思想的全貌。」（頁
651處）這觀點亦可與本文的論述相互印證。

　　揭示朱熹思維中的宇宙生化圖像，是前節已完成的工作。在本節裡，我們將繼續思索大道運行下的世界在朱熹看來究竟呈現出何樣貌，以及朱熹在面臨如斯的世界風貌時，又採取了怎樣的因應態度這兩個扣合的課題。以下先談前者。

　　朱熹在闡述其心中的世界圖像時，主要是藉理一分殊這觀點來進行陳說的，而《朱子語類》所載的一段記錄，當可作為吾人探索之指引。該段文字是這樣的：

> 既有理，便有氣；既有氣，則理又在乎氣之中。周子謂：
> 『五殊二實，二本則一。一實萬分，萬一各正，大小有
> 定。』自下推而上去，五行只是二氣，二氣又只是一理。
> 自上推而下來，只是此一箇理，萬物分之以為體，萬物之
> 中又各具一理。所謂『乾道變化，各正性命』，然總又只
> 是一箇理。此理處處皆渾淪，如一粒粟生為苗，苗便生
> 花，花便結實，又成粟，還復本形。一穗有百粒，每粒箇
> 箇完全；又將這百粒去種，又各成百粒。生生只管不已，
> 初間只是這一粒分去。物物各有理，總只是一箇理。[46]

在這段奠基於濂溪《通書·理性命》章上的詮說文字中，朱熹所想表達的理念乃是：正如無數粟米皆源自同一粟米而稟有同樣生性一般，同因天地至理依傍於氣化行程上所生育出的萬事萬物，自然也在此無間斷、無阻隔的生化歷程中，普遍被賦予太極至理的基本特

---

[46]《朱子語類（六）》，卷94，頁2374。

徵；而這事事物物皆為太極至理所浸潤、貫通的理一分殊世界，可說正是朱熹所理解的世界型態。

此外要緊的是，朱熹進一步以「不是割成片去，只如月映萬川相似」[47]數語，來界說太極至理分化到萬象事物上的過程，這便透顯出，下貫於各個事物上的分殊之理並非太極至理的某個殘缺片斷，而它本身可說就是太極至理具體而微的分身。[48]如是一來，事事物物身上的分殊之理，便因基本特徵相同而本就可相互交通、感應了（不論它們在外貌上有多大的差異）；又這由各個分殊之理所組構出的理一分殊世界，當然也正因事事物物均交相呼應，而成了個萬象事物彼此間、乃至世間事物與太極至理間，都能交互感通、運作的有機網絡世界。是以當朱熹藉著「月映萬川」這天上月、水中月、以至各水中之月皆交相輝映的意象，來把捉理一分殊的微妙道理時，他所想揭示的，該也是這理路交錯的世界圖像吧！

既然在大道運行下所形構出的世界圖像，是個萬事萬物皆處於互動網絡中的有機世界。那麼，同為大化所生育、且亦生活於該世界網絡裡的人，在朱熹看來自然本就有與事事物物交相感通，以作

---

47 《朱子語類（六）》，卷94，頁2409。

48 《朱子語類》中又載有如斯的討論問：「〈理性命〉章注云：『自其本而之末，則一理之實，而萬物分之以為體，故萬物各有一太極。』如此，則是太極有分裂乎？」曰：「本只是一太極，而萬物各有稟受，又自各全具一太極爾。如月在天，只一而已；及散在江湖，即隨處而見，不可謂月已分也。」（《朱子語類（六）》，卷94，頁2409）這便道出所謂「體統一太極，物物一太極」的說法，並非表示萬象事物與太極至理間的關係是「部分」與「整體」的關聯，而是各個事物本身便是個整全自足的小太極（故謂：「又自各全具一太極爾。」）。

出恰當回應的本能了。[49]然我們必須留意的是，由於朱熹敏銳地察覺到吾人所面臨的世界網絡其實性質並不單純，這便促使朱熹在投入感應、推知事物道理的實際格物工夫前，不但曾對世界網絡的各個層次——若粗略地以今日語彙來說，朱熹大抵分出了「生理」、「物理」、「命理」乃至「倫理」等四個層次各異的世界——作出提點式的分疏，且他還進一步道出身為君子的儒者，所當分別採取的因應態度。基於朱熹此番想法將直接影響到其修道的工夫理論，我們似乎有必要在理解其踐履工夫之前，好好陳述這不同的世界圖像，以及朱熹所抱持的各式因應態度。

在此，讓我們先從尤易為人察覺的生理體系說起吧！大致說來，朱熹主要是藉由「魂」、「魄」二氣來理解吾人的身體官能的。朱熹曾云：「陰陽之始交，天一生水。物生始化為魄。既生魄，煖者為魂。先有魄而後有魂，故魄常為主為幹。」[50]這便點出

---

[49] 《朱子語類》中有這樣的討論——行夫問：「萬物各具一理，而萬物同出一源，此所以可推而無不通也。」曰：「近而一身之中，遠而八荒之外，微而一草一木之眾，莫不各具此理。如此四人在坐，各有這箇道理，某不用假借於公，公不用求於某，仲思與廷秀亦不用相自假借。然雖各自有一箇理，又卻同出於一箇理爾。如排數器水相似：這盂也是這樣水，那盂也是這樣水，各各滿足，不待求假於外。然打破放裡，卻也只是箇水。此所以可推而無不通也。所以謂格得多後自能貫通者，只為是一理。釋氏云：『一月普現一切水，一切水月一月攝。』這是那釋氏也窺見得這些道理。」（《朱子語類（二）》，卷18，頁398~399）可見在朱熹的想法中，萬象事物在表面上雖各自獨立，但卻因同源於太極至理而本就可交相呼應；又這境況便進而保證，人確實可藉格物的工夫來感通、推知萬物之理。

[50] 《朱子語類（一）》，卷3，頁41。

作為生理基本單元的「魂」與「魄」，是源自陰陽二氣生化時的交感作用的（說得詳細點，是由氣化活動先凝聚成人之精魄，再由精魄上生出魂氣）。那「魂」與「魄」又分別司掌那些官能呢？朱熹對此作了如下的區隔：「煖氣便是魂，冷氣便是魄。魂便是氣之神，魄便是精之神；會思量討度地便是魂，會記當去底便是魄」[51]、「人之能思慮計畫者，魂之為也；能記憶辨別者，魄之為也」[52]、「魄是耳目之精，魂是口鼻呼吸之氣」[53]、「知覺運動，陽之為也；形體，陰之為也。氣曰魂，體曰魄」[54]。這便是說，魂主要司管的是對外物的思量感通（魂本是流通於身體內外之氣，由口鼻進出，故主與外物交通），魄則是主持內在的思辨與記憶（魄即為人的具體形軀，主由耳目接收外在訊息以供內向沉思），二者分司內外，共同維繫身體官能的正常運作。又更重要的是，朱熹並不認為魂魄的作用僅限於自身形軀之內，因為只要運用得宜，朱熹以為人是可與同在生化世界中的萬事萬物發生感官交通的。例如祭祀時，人得以與氣質相近的先人交相感格；[55]另外透過卜筮，人亦可

---

[51] 同前註。

[52] 《朱子語類（一）》，卷3，頁43。

[53] 《朱子語類（一）》，卷3，頁42。

[54] 《朱子語類（一）》，卷3，頁37。

[55] 朱熹曾如是說道：「人所以生，精氣聚也。人只有許多氣，須有箇盡時；盡則魂氣歸於天，形魄歸於地而死矣。人將死時，熱氣上出，所謂魂升也；下體漸冷，所謂魄降也。此所以有生必有死，有始必有終也……然人死雖終歸於散，然亦未便散盡，故祭祀有感格之理。先祖世次遠者，氣之有無不可知。然奉祭者既是他子孫，必竟只是一氣，所以有感通之理。」（《朱子語類（一）》，卷3，頁37）這便道出基於先祖與子孫的氣質相近，故能保證在祭祀進行時，子孫通常得以與先人的魂魄（這魂魄

與世間它物進行交感作用。[56]而這經由官能交相感應所形構出的無盡網絡，可說正是人所生活的世界的一個重要面向。

那在面臨如是的網絡世界時，朱熹所採取的因應態度是如何呢？由傳世的文獻觀察，朱子的意見大抵是這樣的：人確實可藉由蓄養精神、煉氣養生一類法門（即常人印象中道士總常從事者）來延長壽命，甚或能發揮神妙的感通力量。[57]然朱熹經由神仙傳說的遞換與廟宇興衰的情景發現，其實「氣聚而生，氣散則死」[58]這原理終究是難以踰越的，故煉道成仙之士亦終難逃脫幻滅銷亡的必然命運；[59]又再加上安於生死的君子，根本未將養生延年之事當成要

在人死後將分別轉化成「神」與「鬼」）發生交通。換句話說，子孫與先人同在一條感官網路上的事實，便為祭祀之所以可能提供了絕對的擔保。

[56]朱熹又曾這般說道：「人之氣與天地之氣常相接，無間斷，人自不見。人心才動，必達於氣，便與這屈伸往來者相感通。如卜筮之類，皆是心自有此物，只說你心上事，才動必應也。」（《朱子語類（一）》，卷3，頁34）可見正因人與萬物同為氣化所生，而本就在相通的網絡之中，故人方能透過卜筮一類特殊活動以與它物發生交通感應。

[57]朱子曾云：「死生有命，當初稟得氣時便定了，便是天地造化。只有許多氣，能保之亦可延。且如我與人俱有十分，俱只用出二分。我才用出二分便收回，及收回二分時，那人已用出四分，所以我便能少延。此即老氏作福意。」（《朱子語類（一）》，卷3，頁43）這便指出透過道士涵養魂魄的修行法門，人確實是可延長壽命的。

[58]《朱子語類（一）》，卷3，頁36。

[59]朱熹曾藉傳說之考查道出這樣的事實：「氣久必散。人說神仙，一代說一項。漢世說甚安期生，至唐以來，則不見說了。又說鍾離權、呂洞賓，而今又不見說了。看得來，他也只是養得分外壽考，然終久亦散了。」（《朱子語類（一）》，卷3，頁44）又朱熹亦藉由對廟宇興替的觀察，發現這樣的情況：「（神）浸久亦能散。昔守南康，緣久旱，不免遍禱於

事（因於此方面下工夫，在儒者眼裡實無人文價值可言），[60]所以朱熹乃主張儒者雖不可全然漠視身體官能的修為，但也不必如所謂養生之士般過度用力於此，否則便不免因為耗損精力而無法找到人生的價值所在了。

又除了感官網絡外，朱熹亦注意到人所生活的世界還有物理層面這重要的面向（此「物理」泛指事物所持有的特定性質）。如《朱子語類》便錄有下面這段說法：

> 草木都是得陰氣，走飛都是得陽氣。各分之，草是得陰氣，木是得陽氣，故草柔而木堅；走獸是得陰氣，飛鳥是得陽氣，故獸伏草而鳥棲木。然獸又有得陽氣者，如猿猴之類是也；鳥又有得陰氣者，如雉鵬之類是也。唯草木都是得陰氣，然卻有陰中陽、陽中陰者。[61]

神。忽到一廟，但有三間弊屋，狼籍之甚。彼人言，三五十年前，其靈如響，因有人來，而帷中有神與之言者。昔之靈如彼，今之靈如此。亦自可見。」（《朱子語類（一）》，卷3，頁53）這些境況都足以證實無論成仙成神，最終仍是得復歸氣化之流行的。所以再大的神妙力量也有消散的一天。

[60] 朱熹曾說：「……及僧道既死，（氣）多不散。【原注：僧道務養精神，所以凝聚不散。】若聖賢則安於死，豈有不散而為神怪者乎！如黃帝堯舜，不聞其既死而為靈怪也。」（《朱子語類（一）》，卷3，頁39）可見在朱熹看來聖賢根本不曾把死亡視為要事，故也未曾因吝惜生命而專注於延年益壽之事。

[61] 《朱子語類（一）》，卷4，頁62。

可見在朱熹的想法裡，事物於陰陽氣化中稟得何種特徵，亦決定它將搭配何種性質的事物來共同過活；而這事事物物各憑其特質以相互依恃生存的情景，自然就是朱熹心目中的物理世界圖像（這是中國特有的陰陽物理觀，而不同於西方的物理思維）。又朱熹曾強調，事物各具特質的情況，其實亦包括無生命的「枯槁之物」在內，[62]所以吾人可說朱熹思維裡的物理世界，便是由所有生物、乃至無生命之事物依憑各自特性所交織成的有機網絡世界。

那麼生活在此世界網路中的人，又該採取怎樣的應世態度呢？朱熹的看法大概是：人既活在這事事物物交相倚恃、作用的物理世界裡，當然也要對事物之物理特徵有一定程度的瞭解，才有過順當生活的可能。所以像「舟只可行之於水，車只可行之於陸」[63]、「朽木無所用，止可付之爨灶……然燒甚麼木，則是甚麼氣，亦各不同」[64]一類事物道理，朱子亦贊同必須領會學習。只是以成德的目標來看，這類事物之理的推究亦無絕對價值可言，[65]是以朱熹也並不鼓勵吾人當傾全力於物理之窮究。[66]

---

[62] 《朱子語類》中載有這樣的討論──問：「枯槁之物亦有性，是如何？」曰：「是他合下有此理，故云天下無性外之物。」因行街，云：「階磚便有磚之理。」因坐，云：「竹椅便有竹椅之理。枯槁之物，謂之無生意，則可；謂之無生理，則不可……。」（《朱子語類（一）》，卷4，頁61）可見即使是無生命的東西，朱子以為還是有固定特徵可推說的。

[63] 《朱子語類（一）》，卷4，頁61。

[64] 同前註。

[65] 如《朱子語類》中載有如是的論述──問：「枯槁有理否？」曰：「才有物，便有理。天不曾生箇筆，人把兔毫來作筆。才有筆，便有理。」又問：「筆上如何分仁義？」曰：「小小底，不消恁地分仁義。」（《朱子

　　另外還有一個世界面向也被朱熹抓出來討論，那就是雖不如生理、物理般易為人所感知，卻又深深左右萬物生存狀態的命理世界。而對此世界，朱熹曾作了如下的陳說：

> 人之稟氣，富貴、貧賤、長短，皆有定數寓其中。稟得盛者，其中有許多物事，其來無窮。亦無（「無」疑當作「有」）盛而短者。若木生於山，取之，或貴而為棟梁，或賤而為廁料，皆其生時所稟氣數如此定了。[67]

在短短數句語言中，朱熹明晰地指出人世間如地位、財富、乃至年壽短長等紛然雜陳的際遇，其實早在生化之初便被命數所決定了；[68] 又朱熹引山中之木的譬喻來狀貌人世間的境況，乃透顯出朱熹亦

語類（一）》，卷4，頁61）可見在朱熹看來，這類事物之理是沒什麼人文價值可說的。

[66] 朱熹不贊成在物理世界上多所用心，但若能在物理的考察上興起道德之心，在朱熹看來倒也算是修德的一條進路。如《朱子語類》中便有這樣的記錄——問：「動物有知，植物無知，何也？」曰：「動物有血氣，故能知。植物雖不可言知，然一般生意亦可默見。若戕賊之，便枯悴不復悅懌，亦似有知者。嘗觀一般花樹，朝日照曜之時，欣欣向榮，有這生意，皮包不住，自迸出來；若枯枝老葉，便覺憔悴，蓋氣行已過也。」問：「此處見得仁意否？」曰：「只看戕賊之便雕瘁，亦是義底意思。」（《朱子語類（一）》，卷4，頁62）由明瞭植物生意而興發不去戕害的仁義之心，這當然是君子該留心的修持。不過，這基本上已不是物理世界層面上的事了。

[67] 《朱子語類（一）》，卷4，頁81。

[68] 朱熹曾云：「都是天所命。稟得精英之氣，便為聖，為賢，便是得理之全，得理之正。稟得清明者，便英爽；稟得敦厚者，便溫和；稟得清高

早便認定人之外的所有事物，同樣也脫不開這命理世界的束縛。而
這難以掙脫的命運網絡在朱熹眼裡，該也是生存於世的人所必得面
對的世界面向吧（不論你滿意與否）！

　　有意思的是，在因應這限制意味尤為強烈的世界圖像時，朱熹
的態度倒是頗為清明。他認為：如果數術之學能明顯告知即將發生
的危險，吾人當然得依理避凶趨吉；[69]然在大多的境況下，這命定
之數既是難以變更的，吾人也只有各盡本分而活了——亦即不論在
何種境況下，都要能順著各式境況活出有價值的生命意義（如貧而
樂道、富而好禮一類行為）。[70]而這種泰然處之、不強力改變命運
的態度，大抵便是朱熹在面臨命理課題時，所執持的應世原則了。

　　說到這裡，我們不難看出朱熹對生理、物理乃至命理世界的態
度都不是挺認真的。之所以如此，蓋因身為儒者的朱熹將目光傾注

者，便貴；稟得豐厚者，便富；稟得久長者，便壽；稟得衰頹薄濁者，便
為愚、不肖，為貧，為賤，為夭。天有那氣生一箇人出來，便有許多物隨
他來。」（《朱子語類（一）》，卷4，頁77）這便道出除際遇之外，人
的資質與性格也同樣在氣化的過程中就被決定了。

[69] 朱熹曾說：「若一切任其自然，而『立乎巖牆之下』，則又非其正
也。」（《朱子語類（一）》，卷4，頁79）可見朱熹並不主張一味順命
而活，因有許多劫難是明顯可覺察而度過的。所以君子也不必為了這類瑣
事來受苦受難、甚至丟失性命。

[70] 朱熹曾這麼說過：「命之正者出於理，命之變者出於氣質。要之，皆天
所付予。孟子曰：『莫之致而至者，命也。』但當自盡其道，則所值之
命，皆正命也。」（《朱子語類（一）》，卷4，頁78）可見在各個境遇
中都能活出有價值的生命，便是朱熹克服（或說「轉化」）命運的不二法
門了。

於儒家特有的倫常道德世界所致，[71]而對這所謂的倫常道德世界，朱熹在承繼儒家傳統之餘自有一套特別的詮說。

首先，在關於倫常道德世界何以形成這課題上，朱熹亦是由宇宙生化的角度來談的（一如在述說生理、物理、命理世界如何成形時般）。而他的論述是這樣的：

> （朱子）曰：「天地生物，自是溫暖和煦，這箇便是仁。所以人物得之，無不有慈愛惻怛之心。」又曰：「人物皆得此理，只緣他上面一箇母子如此，所以生物無不肖他。」[72]

如同母生子遺傳下相同的性向，朱子以爲世間事物（包括人在內）在成形的過程中，也自然稟得天地生物的那份遍潤萬物的溫情特徵。如是一來，一個萬事萬物皆持有體貼它物之本能的德性化世界便如斯形成了；而當朱熹以「太極只是箇極好至善底道理。人人有一太極，物物有一太極。周子所謂太極，是天地人物萬善至好底表德」[73]數語，來闡發太極的特質時，他所領會到的，大抵也正是這萬象事物與整個世界皆有德性可說的儒家式宇宙觀。

值得留心的是，朱熹又曾道出如是一類話語：「天有春夏秋冬，地有金木水火，人有仁義禮智，皆以四者相爲用也。」[74]、「仁木，義金，禮火，智水，信土」[75]、「若將仁義禮智說，則春，仁也；夏，禮也；秋，義也；冬，智也」[76]。這乃透顯出在他的想法裡，仁義禮智信等人文價值與天地自然的特徵，基本上是質性相同而可相互作用的。[77]所以當人發揮本有的仁義之心以對待世

---

[73]《朱子語類（六）》，卷94，頁2371。

[74]《朱子語類（一）》，卷1，頁11。

[75]《朱子語類（一）》，卷6，頁104。

[76]《朱子語類（一）》，卷6，頁106。

[77]朱熹曾云：「仁禮是發施出來底，義是肅殺果斷底，智便是收藏底。如人肚臟有許多事，如何見得！其智愈大，其藏愈深。」（《朱子語類（一）》，卷6，頁106）這便說出仁義禮智與春夏秋冬的相通性。又《朱子語類》中有這樣的討論——味道問：「仁包義禮智，惻隱包羞惡、辭遜、是非，元包亨利貞，春包夏秋冬。以五行言之，不知木如何包得火金水？」曰：「木是生氣，有生氣，然後物可得而生；若無生氣，則火金水皆無自而能生矣，故木能包此三者⋯⋯。」（《朱子語類（一）》，卷6，頁108）這是藉「木」德的生意，來類通「仁」、「惻隱」、「元」、「春」等特徵，以進一步完成這跨越人文與自然界（更精確地說，朱子根

人乃至萬事萬物時（亦即能同情共感地感通萬物，且依各式境況分別作出適切的行為），他所成就的，就不只是人世間的倫理價值而已；因這仁心的彰顯在朱熹看來，顯然早已衝破了人文界與自然界間的藩籬，而成了種贊天地之化育的至高行止了。

明白這點後，我們方能真切品味朱熹在〈仁說〉中的這段話語：

> 蓋仁之為道，乃天地生物之心，即物而在。情之未發，而此體已具；情之既發，而其用不窮。誠能體而存之，則眾善之源、百行之本莫不在是。此孔門之教所以必使學者汲汲於求仁也。其言有曰：「克己復禮為仁。」言能克去己私，復乎天理，則此心之體無不在，而此心之用無不行也。又曰：「居處恭，執事敬，與人忠」，則亦所以存此心矣。又曰：「事親孝，事兄弟，及物恕」，則亦所以行此心也。又曰：「求仁得仁」，則以讓國而逃，諫伐而餓為能不失乎此心也。又曰：「殺身成仁」，則以欲甚於生、惡甚於死為能不害乎此心也。此心何心也？在天地則塊然生物之心，在人則溫然愛人利物之心，包四德而貫四端者也。[78]

本泯除了二者間的界線）的龐大互通體系。而朱熹的這套想法，也算極度充實了儒家德性宇宙觀的內涵吧！

[78]《朱熹集（六）》，卷67，頁3543。

文中所傳達出的訊息乃是：正由於人那「溫然愛人利物」的仁心，乃直遡承自天地最可貴的「块然生物之心」，是以發揚仁心的修為（亦即將此心闡發成愛人利物的實際言行），自然便成了提升吾人生命至與天同大境地的光明大道（故謂：「情之未發，而此體已具；情之既發，而其用不窮。誠能體而存之，則眾善之源、百行之本莫不在是。」）；又這將獲得無上生命價值的絕對保證，也正是儒者所以汲汲用力於此的緣故（甚至不惜犧牲所擁有世俗價值乃至自身的性命）。而能作出如是闡釋的朱熹，其對倫常道德世界的重視自是無庸多言。[79]所以在後文裡，我們將發現朱熹將感通、推知萬物道理的格物致知工夫用力於道德之理的領悟上，倒也不是費人理解的事了。[80]

---

[79] 朱熹曾這般說道：「大凡人只合講明道理而謹守之，以無愧於天之所與者。若乃身外榮辱休戚，當一切聽命而已。」（《朱子語類（一）》，卷8，頁147）話裡所表白出的，正是那以德性化生活為價值所在的生命態度。

[80] 朱熹曾云：「（格物）窮理，如性中有箇仁義禮智，其發則為惻隱、羞惡、辭遜、是非。只是這四者，任是世間萬事萬物，皆不出此四者之內。」（《朱子語類（一）》，卷9，頁155）這就顯示出朱熹下工夫的關切點，乃在所謂的倫常道德世界上。又朱熹於〈答陳齊仲〉一信中更是明白地說道：「格物之論，伊川意雖謂眼前無非是物，然其格之也，亦須有緩急先後之序，豈遽以為存心於一草木器用之間而忽然懸悟也哉？且如今為此學而不窮天理、明人倫、講聖言、通世故，乃兀然存心於一草木、一器用之間，此是何學問？如此而望有所得，是炊沙而欲其成飯也。」（《朱熹集（四）》，卷39，頁1792）可見朱熹格物工夫的焦點，確實主要落在攸關倫理的各式事物上。不過在此必得補充說明的是，人在實踐道德時除，純粹的德性問題需要考慮外，也還必須關注到生理、物理、命理等層面的交互關係。比方：人得藉重身體官能才能將道德發揮出來；又道

總括本節而言，這世界在朱熹看來，既是由「理」搭在足以充塞宇宙的「氣」上所形構出的，是以這成形後的世界，也自然呈顯出一幅事事物物皆處於交相繫聯、互相牽動之理路中的生動圖像。又這貫通於萬象事物中的網絡，大致被朱熹剖分成「生理」、「物理」、「命理」乃至「倫理」等四個層面，而在面對這層次有別的面向時，朱熹雖不排除用力於前三者的必要，但顯然也不認為「生理」、「物理」與「命理」世界裡涵藏著什麼絕對價值。因身為儒者的朱熹，總是相信唯有盡心於倫常道德世界的網路中，人生的至極價值才有被尋得的可能；而也唯有在這倫常道德世界裡，才有真正的生命意義可說。

第四節　人參天地造化的進路
——格物致知

德之踐履，也必須估量事物之物理特徵乃至命定的實際境況，方能達到完滿的境地。而朱熹曾說：「一身之中是仁義禮智，惻隱羞惡，辭遜是非，與夫耳目手足視聽言動，皆所當理會。至若萬物之榮悴與夫動植小大，這底是可以如何使，那底是可以如何用，車之可以行陸，舟之可以行水，皆所當理會。」（《朱子語類（二）》，卷18，頁394~395）這便透露出他也認為生理、物理等層面的其它事物，同樣是欲過幸福生活的人所不可忽視的課題。所以縱然生理、物理乃至命理世界不是儒者當關切的主要事項，但這絕不意味著這些面向就不必留意了。

在明白了朱熹的關懷點主在倫常道德世界上後，我們便可正式進入攸關踐履的課題了。那就是：人如何能在這德性化的世界裡為所當為、行所當行，以活出具有絕對價值的生命意義。

首先我們注意到朱熹於〈太極說〉一文裡，曾這般道出其心目中理想的人的生存狀態：

> 動靜無端，陰陽無始，「天道」也。始於陽，成於陰，本於靜，流於動者，「人道」也。然陽復本於陰，靜復根於動，其動靜亦無端，其陰陽亦無始。則人蓋未始離乎天，而天亦未始離乎人。

> 元、亨，誠之通，動也；利、貞，誠之復，靜也。元者，動之端也，本乎靜；貞者，靜之質也，著乎動。一動一靜，循環無窮。而貞也者，萬物之所以成終而成始者也。故人雖不能不動，而立人極者必主乎靜。惟主乎靜，則其著乎動也無不中節，而不失其本然之靜也。[81]

這便渲染出如是的流動畫面：宇宙大化總處於一不斷幻化的境況中，而身處該境況中的人，亦可隨自我於生化歷程中所稟受的天賦、並配合當下生存的實際情境，以適時適切地作出各式合乎大化流行的反應。[82]又這種全然與宇宙脈動——即「天道」——合而為

---

[81] 同註44。

[82] 朱熹曾說：「人身只有箇動、靜。靜者，養動之根；動者，所以行其靜。動中有靜，如『發而皆中節』處，便是動中之靜。」（《朱子語類

45

一的生存狀態，在朱熹看來正是人所當活的理想樣態——此即所謂的「人道」。

那人到底是依憑著什麼，而能過如斯的理想生活呢？〈太極說〉繼續推演出的話語將提出答案：

> 靜者，性之所以立也。動者，命之所以行也。然其實則靜亦動之息爾。故一動一靜，皆命之行，而行乎動靜者，乃性之真也。故曰天命之謂性。

> 情之未發者，性也，是乃所謂中也，天下之大本也。性之已發者，情也，其皆中節，則所謂和也，天下之達道也。皆天理之自然也。妙性情之德者，心也。所以致中和、立大本而行達道者也，天理之主宰也。

（一）》，卷12，頁219）又說：「『為人君，止於仁；為人臣，止於敬。』止於仁敬者，靜也；要止於仁與敬者，便是動。只管是一動一靜，循環無端，所以謂『動極復靜，靜極復動』。」（出處同前）可見朱子所謂的「靜」，指的是各式情境中所當行之道理，而「動」，則是指將是理準確合理地實踐出來。又所謂「一動一靜，循環無端」數語，則道出如是的踐履，其實是配合「天道」「動靜無端，陰陽無始」的脈動而進展著，而〈太極說〉裡「然陽復本於陰，靜復根於動，其動靜亦無端，其陰陽亦無始。人蓋未始離乎天，而天亦未始離乎人」數語所傳達出的意蘊，大抵也在申明這人道與天道相應不離的境況。

靜而無不該者，性之所以為中也，寂然不動者也。動而無
不中者，情之發而得其正也，感而遂通者也。靜而常覺，
動而常止者，心之妙也，寂而感，感而寂者也。[83]

在這段大致依止於〈中庸〉首章的文字中，朱熹反覆闡發的道理乃
是：流動無息的天道在下貫到人身上的歷程裡，賦予了「性」這人
得以感應天地至理的珍貴資質；而該珍貴資質又總將在「心」這人
之主宰的妙用下，自然生成足以感通萬物、並契合於大道運行的
各式適當言行——此即文中所云的「情」。[84]如是說來，人所以能

---

[83]《朱熹集（六）》，卷67，頁3536~3537。

[84]在此我們有必要進一步說明心性情間的關聯。朱熹為維繫「性」這天賦
予人的道理的高潔性，曾大力強調「性」與「心」、「情」的不同。如其
為「仁」所下的著名定義：「仁者，愛之理，心之德也。」（《四書章句
集注·論語集注》，卷1，頁48）便清楚地在作為行善理據的「仁」（屬
於「性」），與作為踐履主宰的「心」、乃至實際施發出的行為「愛」
（屬於「情」）之間，畫下了一道不可逾越的鴻溝。但在另一方面，朱熹
又一再強調在現實境況裡心性情是不可切割的。如朱熹曾謂：「心與理
（即落於人身上的「性」）一，不是理在前面為一物。理便在心之中，心
包蓄不住，隨事而發（即自然抒發為「情」）。」（《朱子語類
（一）》，卷5，頁85）這便明白表述了心性情總難截然斷開的真實境
況。又也正因如此，朱熹方以為在實踐道德時若過分強調性與心、情在理
論上的差異，是有礙踐履的推展的。如《語類》便載有這樣的問答——
問：「『大學之道，在明明德』。此『明德』，莫是『天生德於予』之
『德』？」曰：「莫如此問，只理會明德是我身上甚麼物事……且只就身
上理會，莫又引一句來問。如此，只是紙上去討。」（《朱子語類
（一）》，卷14，頁266）這就透露出朱熹以為，與其在理論上苦思吾人
所有的「明德」（亦即「性」）是源自那兒，還不如落實到自家身心上來

過切合於大道脈動的生活，其根本原因便在人人均稟有一顆既涵攝萬理（此即「靜而無不該」之「性」）、且能順理感通萬事萬物（此即「動而無不中」之「情」）的「心」這事實上了。[85]

遺憾的是，上述的理想境況雖說是人本該過活的模樣，但現實中大多的狀況卻不是這樣的。對此，朱熹曾於〈盡心說〉中，精要地作了這樣的交代：

> 「盡其心者，知其性也，知其性則知天矣。」言人能盡其心，則是知其性，能知其性，則知天也。蓋天者，理之自然，而人之所由以生者也。性者，理之全體，而人之所得以生者也。心則人之所以主於身而具是理者也。天大無

真切體悟。是以今人在論述朱熹心性情三分的哲思理論時，絕不可偏廢這心性情不即亦不離的想法，否則吾人將很便難掌握朱熹思想的特徵，亦即那架構分明，然又不失實踐力量的特殊思維。

[85] 行文至此，細心的讀者不難發現〈太極說〉闡發的重點，根本不在天道運行一類論說上，而反是藉宇宙論的大格局，來申明心性情一類心性論課題。這現象乃透露出朱子哲學架構中的心性論，是必得擺在天人相應的宇宙論格局裡來理解的。而朱子曾云：「理者，天之體；命者，理之用。性是人之所受（受於天命下貫的歷程），情是性之用（將所得之天理實踐出來）。」（《朱子語類（一）》，卷5，頁82）這亦傳達出同於〈太極說〉的思維方式。是以坊間論述朱熹哲思的書籍將心性論與宇宙論並列的研討進路，其實是過度膨脹了心性論在朱熹思維中的位置（這不是說朱熹不看重心性論，而是說朱子的心性論不太能脫開宇宙論來獨立論說）。又這種方法論的失焦，也導致在理解朱子的工夫論時，將產生許多不必要的誤解與批評（這點在註141中會有交代）。

外，而性稟其全，故人之本心，其體廓然，亦無限量。惟
其梏於形器之私，滯於聞見之小，是以有所蔽而不盡。[86]

在這段立基於《孟子‧盡心上》首章（即「盡其心者，知其性也」
云云）的詮釋裡（姑且不論朱熹此番詮解，是否合於孟子本旨），
朱熹以為人在生化歷程中，確實稟受了與天同大的性理，且存之於
足以指揮身軀行動的人心中；又這實情也進而保證人得以經由心的
實踐而感通萬物事理，以作出各種應合於天道至理的言行舉止（此
即朱子思維中「盡心—知性—知天」的境界圖像）。然由於內心欲
念易流於放蕩所帶來的影響（此即「梏於形器之私」），再加上外
在成長環境的局促，亦使人的視野受到限制（此即「滯於聞見之
小」），這便導致絕大多數人的日常生活樣態，都是沒法彰顯己心
本有的格局與作用的；[87]而如是的生活境況，當然造成天人間的斷
絕，人的生命意義也因此終難成就。

---

[86] 《朱熹集（六）》，卷67，頁3535。

[87] 更詳細地說，朱熹又注意到性向、才質的偏差與不全，也對人本心的彰
顯有相當影響。如朱熹曾云：「人性雖同，稟氣不能無輕重。有得木氣重
者，則惻隱之心常多，而羞惡、辭遜、是非之心為其所塞而不發；有得金
氣重者，則羞惡之心常多，而惻隱、辭遜、是非之心為其所塞而不發。水
火亦然。唯陰陽合德，五性全備，然後中正而為聖人也。」（《朱子語類
（一）》，卷4，頁74）這便道出世人大多陷於一有所偏重的性向中，故
難免去行事有所偏差的窘況。朱熹又云：「然就人之所稟而言，又有昏明
清濁之異。故上知生知之資，是氣清明純粹，而無一毫昏濁，所以生知安
行，不待學而能，如堯舜是也。其次則亞於生知，必學而後知，必行而後
至。又其次者，資稟既偏，又有所蔽，須是痛加工夫，『人一己百，人十
己千』，然後方能及亞於生知者。及進而不已，則成功一也。」（《朱子

49

面對這窘境，提出一套得以回返天道的實踐工夫，應是朱熹的
思索重心了；而〈盡心說〉的下文，正道出了如是的工夫進路：

> 人能即事即物窮究其理，至於一日會通貫徹而無所遺焉，
> 則有以全其本心廓然之體。而吾之所以為性與天之所以為
> 天者，皆不外乎此而一以貫之也。[88]

又同樣的意思，朱熹亦發之於《孟子集注》裡（此仍是對「盡其心
者，知其性也」數句的詮說文字）：

> 心者，人之神明，所以具眾理而應萬事者也。性則心之所
> 具之理，而天又理之所從以出者也。人有是心，莫非全
> 體，然不窮理，則有所蔽而無以盡乎此心之量。故能極其
> 心之全體無不盡者，必其能窮夫理而無不知者也。既知其
> 理，則其所從出，亦不外是矣。[89]

語類（一）》，卷4，頁66）這就點出了氣質清濁之因素，亦深深左右人
從事道德踐履時的順當情況。總括來說，我們可以看出上述種種情況，如
性向的偏差、才質的不全，乃至正文裡提及的欲念的流蕩與環境的局限
等，在朱子眼中可說都是在氣化中自然造成的。所以由氣化所生育的人
們，大抵很難掙脫這些因素的交相影響，而工夫論的重要，便隨之自然突
顯出了。

88 《朱熹集（六）》，卷67，頁3535~3536。

89 《四書章句集注‧孟子集注》，卷13，頁349。

由此可見，朱熹深信唯經由外向地「即事即物窮究其理」的格物窮理工夫，且實踐至「會通貫徹而無所遺焉」的境況，方能恢復內心本有的「具眾理而應萬事者」的格局，亦即達到「能極其心之全體無不盡者」的「知至」狀態；又也唯有在「全其本心廓然之體」的情境下，朱熹以爲天理與人稟有之性理全然合一的理想境界才有實現的可能（引文中「吾之所以爲性與天之所以爲天者，皆不外乎此而一以貫之也」、與「既知其理，則其所從出，亦不外是矣」數語所透顯出的，便是在格致至極後所達到的天人合一境界）。是以簡要地說，格物致知可說便是朱熹所認可的通向（或說「復返」）天人合一境地的踐履道路了，此或亦可以「人道」稱說之。

　　現在橫豎於吾人眼前的問題乃是：格物致知在朱熹的思維裡，究竟是怎樣開展的一條道德實踐進路？又更重要的是，如是的踐履進路何以能促成生命本質的轉變，亦即由天人斷絕的日常狀態質變爲天人合一的本初樣貌？這些問題可說正是處理朱熹哲思的喫緊關卡（稍有偏失，便根本無法理解朱熹的思維形態），所以小心處理，便是最起碼的要求了。

　　爲求謹慎起見，在此讓我們先爲格物致知的性格進行定位。依常理判別，「即事即物窮究其理」的格致工夫當然屬於一種認識活動，但認識活動的性質其實並不單純。終身致力於奠定「人文科學」（Geisteswissenschaften）基礎的詮釋學學者威廉・狄爾泰（Wilhelm Dilthey, 1833~1911），其於〈人文研究〉（*The Human Studies*）一文中，大致區隔出了自然科學與人文科學兩類各具特色的認識方式。對前者的特質，他曾這麼解說：

> 我們對空間世界的掌握，則是我們的統合知識之基礎。我
> 們要掌控物理世界必得要研究其中的法則。要能了解這些
> 法則，我們必須讓體驗自然、介入自然和享受自然的生命
> 感情，後退到對這個世界的抽象法則背後，這是個由時
> 間、空間、質量和運動等係數建構起來的物理世界。藉著
> 對這些抽象法則的了解，人必得抹殺自己，如此一來，自
> 然這個偉大客體的結構乃是由抽象法則所組織起來的事
> 實，才能呈現出來。自然也藉此成為人類存在的現實中
> 心。[90]

狄氏的話語清楚點出了自然科學要求的認識方式，乃是種依循主客
對待原則、且必得釐清、割斷與研究對象間的情感牽聯的特定進
路。詳細點說，作為認識主體的人，為求客觀探知作為認識對象的
自然世界規律（即引文中所謂「由時間、空間、質量和運動等係數
建構起來的物理世界」），必得把研究者的個人因素（如生活經歷
與情感起伏等感性因子）完全抽離，以期構築一套不受感性因素干
擾，且可反覆操作、重複驗證的知識體系；而這奠基於理性原理上
的認識活動，大抵就是自然科學的典型模式。相對來說，以瞭解、

---

[90]德國‧威廉‧狄爾泰著，李家沂譯：〈人文研究〉，杰夫瑞‧C‧亞歷
山大（Jeffrey C. Alexander）、史蒂芬‧謝德門（Steven Seidman）編，
吳潛誠總編校：《文化與社會：當代論辯》,*Culture and Society:
Contemporary Debates*，臺北縣：立緒文化事業有限公司，1997年，頁
42。

體會人類價值為核心的人文科學，則在根本上要求研究者自身生命的參與。故狄爾泰如是說道：

> 我們所謂的人文研究，其性質中有一種傾向，在發展中漸趨強大，將事件的外在層面導向情境的角色和理解的方法和途徑，使得研究本身更具內省性，這是從外在轉向內在的理解運動。這個取向以生命每一個外顯現象為基礎，從此出發來進一步了解生發這些現象的心智內容。從歷史中我們讀到經濟活動、部落形成、戰爭和國家的創立，這些現象向我們的靈魂展示了偉大的圖像，告訴我們生活周圍的歷史世界；但在這些歷史敘述中最讓我們動容的，卻非感官所能觸及，只能以內在的方式來體驗；能讓我們感動的種種，既是外在現象的發源地，也同時受到外在現象的影響。我所談的這種取向，並非從外在觀察生命可得，而是奠基於生命自身。生命中至為可貴的乃在我們能夠去體驗的種種，歷史上所有那些外在的輝煌也圍繞此而生；連自然也無法預知的目標從中而生。[91]

這段論述明示出在人文研究進展的同時，研究者總會因為感觸到前人遺產背後的心靈或意義，以致激起自家生命的深度感發；而這特殊的逆返現象，就是人文研究所特有的「內省性」。有意思的是，由於人文科學的宗旨所在，正在促使研究者乃至所有人類，因有所

---

[91] 〈人文研究〉，頁41。

感動、進而轉化自身的生命性質，[92]所以這內省性格非但不是該學科的弊端所在，反是人文科學能夠成立必得依傍的基石。狄爾泰曾說：「科學說明自然，人文學科則理解生命的表現。」（Die Natur erklären wir, das Seelenleben verstehen wir）[93]這便是藉「說明」（erklären）與「理解」（verstehen）在德語語意上的分野——前者含有客觀論述事物對象的意涵，後者則涉及認識者內在生命之省悟的意義——為自然與人文科學的認識進路作出區隔。而朱熹格物致知工夫的目標，既指向格致者生命本質的昇華，那麼它當然繫屬於人文科學的範疇了。又這事實便提醒我們，絕不可以自然科學的主客認知架構（這是生活在科學當道時代下的人們，所熟悉的認識態度）來理解朱子的格致理念，否則，吾人將完全沒法接上朱熹的特殊思路。

　　既然明瞭了朱熹格致工夫的屬性，我們即可來看看這經由向外探索事物之理、以內向地帶動生命生發質變的踐履進路，究竟是如何進展開的。

---

[92]狄氏曾說道：「但這同一個人（指先前研究自然科學，而後來卻欲理解人文科學的人）如今卻轉向生命，轉向自身，回到經驗，因為只有透過經驗，我們才能接近自然與生命，這也是目的、價值和意義的唯一源頭。而這便是決定學術研究的另一個偉大的取向。」（〈人文研究〉，頁42）這話語除再次申明人文科學必將關涉研究者自家的生命領悟外，亦清楚表述出該學科無論在知識體系與學問價值上，均別異於自然科學的革命性。

[93]轉引自帕瑪（Richard E. Palmer）著，嚴平譯，張文慧、林捷逸校閱：《詮釋學》,*Hermenutics*，臺北：桂冠圖書股份有限公司，1992年，頁119。

　　一如前節所云，朱熹認爲人與萬物於生化歷程中皆稟有太極至理，且同樣生存在一理路交錯的世界網絡裡，而這現象便爲感應、推知事物道理的格致工夫，提供了得以推展的必然保證。[94]但由於現實中的人們，多陷於一妄自作爲、且與廣闊宇宙斷絕開來的境況裡（其緣由蓋亦出在人欲望之放縱、性格之偏狹、資質之欠缺乃至見識之淺薄等因素），這便促使人通常無法直接施展格物致知的能力。是以在正式進行格致工夫前，朱熹特別標示出了「持敬」這先行工夫。

　　所以注意到持敬，主要是源自朱熹對古人小學工夫的深切領會。朱熹曾云：「古者小學已自養得小兒子這裡定，已自是聖賢坯璞了……。」[95]又云：「古人小學養得小兒子誠敬善端發見了。」[96]這便道出小學工夫將打定聖賢根基的事實。那能發揮如斯效用的小學工夫，到底是以何物爲內容呢？朱熹的說明是這樣的：「古者初年入小學，只是教之以事，如禮樂射御書數及孝弟忠信之事。」[97]、「……且如事君事親之禮，鐘鼓鏗鏘之節，進退揖遜之儀，（古人自幼）皆目熟其事，躬親其禮。」[98]這便是說，古人幼年所

---

[94]朱熹曾說：「應物。物與我心中之理本是一物，兩無少欠，但要我應之耳。物心共此理。定是靜，應者是動。」（《朱子語類（一）》，卷12，頁220）這便點出外物與人心稟得相同道理（亦即在大化中被賦予的太極之理）的事實，是以人當然能與（甚至是「該與」）同在世界網絡中的它物發生真切之感通。

[95]《朱子語類（一）》，卷7，頁124。

[96]同前註。

[97]同註95。

[98]《朱子語類（一）》，卷15，頁286~287。

學習的內容，大抵包括了禮樂生活裡的各種基礎藝能、與人倫網絡中的各式應對儀節（大至重要禮儀的學習，小至生活細節的講究皆概括在內）；而重要的是，隨著這類模塑身心以趨於凡事合禮的小學工夫的嫻熟，我們自然能夠想見人得以脫離任性妄為的孩童性格，且逐漸形塑出一凡事敬謹謙和的生命樣態。[99]

　　就是因為把捉到小學工夫的關鍵處，乃在能使人進入一敬謹謙和的生命狀態，所以朱熹方主張在小學早已不行的時代，當補以持敬的工夫。他說：

> 古者，小學已自暗養成了，到長來，已自有聖賢坯模，只就上面加光飾。如今全失了小學工夫，只得教人且把敬為主，收斂身心，卻方可下工夫。[100]

所謂的「把敬為主」，即是藉著「內無妄思，外無妄動」[101]的內外相輔相成工夫，讓自我造作的意識舉止慢慢退去；而在妄自作為的生命形態消退之際，朱熹亦認為人應把握時機省察並彰明那人人本有的感通萬物之心，亦即先聖所說的「不忍人之仁心」或「惻隱

---

[99]《語類》錄有這樣的記載——小童添炭，撥開火散亂。先生曰：「可拂殺了，我不愛人恁地，此便是燒火不敬。所以聖人教小兒灑掃應對，件件要謹。某外家子姪，未論其賢否如何，一出來便齊整，緣是他家長上元初教誨的如此。」（《朱子語類（一）》，卷7，頁127）由此可知，朱熹相當在乎自幼於小學工夫上的訓練。因在此一放鬆，則子弟自然養成閒散不敬、妄為任性的生活態度，那便離聖賢境地更加遙遠了。

[100]《朱子語類（一）》，卷7，頁125。

[101]《朱子語類（一）》，卷12，頁211。

之心」。[102]如是一來，一顆自我意識淡化、而本有感通能力又逐漸恢復的仁心便甦醒、清明起來，那感應、通曉萬物之理的格致工夫當然便得以順利地推展。[103]是以整體來講，能同時銷融造作意識、並揭明本有感通能力的持敬工夫，便自然成為格致工夫得以進行的基點了。而朱熹所云「今且當自持敬始，使端愨純一靜專，然後能致知格物」[104]數語，所表達出的也正是這樣的理念。

　　然在此要特別注意的是，縱使持敬工夫能使人本有的感通之心得以逐漸彰明，但在朱熹看來，這絕不意味著光憑此工夫便足以達到與道合一的境地。因在朱熹的思維裡，人既是與萬物共生於一理路交錯的大化世界中，是以人還是得經歷感應萬物之理的紮實格致工夫，方得以真切地與大化流行之脈動合而為一。故朱熹曾說：「人亦須是通達萬變，方能湛然純一。」[105]這便顯示出朱熹以為

---

[102]朱熹曾這般說道：「人心（亦即「仁心」）常炯炯在此，則四體不待羈束，而自入規矩。只為人心有散緩時，故立許多規矩來維持之。但常常提警，教身入規矩內，則此心不放逸，而炯然在矣。心既常惺惺，又以規矩繩檢之，此內外交相養之道也。」（《朱子語類（一）》，卷12，頁200）這就說明了朱熹以為，規矩的強力約束（包括行為的不妄動與思想的不妄思）與仁心的細心體察是得同時搭配進展的。

[103]朱熹曾說：「人之心性（即那至為珍貴的仁心），敬則常存，不敬則不存。」（《朱子語類（一）》，卷12，頁210）又說：「敬則萬理具在。」（出處同前）這即表述了朱熹以仁心來自持敬之工夫、且將得以感通萬物之理的特定思考。另朱熹「人能存得敬，則吾心湛然，天理粲然」（出處同前）數語，更是精要地傳達了他所執持的「持敬─存心（存得仁心）─通理」三位一體的想法。

[104]《朱子語類（一）》，卷14，頁251。

[105]《朱子語類（一）》，卷12，頁206。

能感應萬物事理的潔淨仁心（即不被自我造作之意識所佔據的本初之心），其實是要在「通達萬變」這實際的格致工夫中才能確切彰顯的。另外在與弟子討論「思無邪」的相關課題時，朱熹更是如此說道：

> 若學者當求無邪思，而於正心、誠意處著力。然不先致知，則正心、誠意之功何所施；所謂敬者，何處頓放。今人但守一箇「敬」字，全不去擇義，所以應事接物處皆顛倒了。〈中庸〉「博學之，審問之，慎思之，明辨之，篤行之」；《孟子》「博學而詳說之，將以反說約也」；顏子「博我以文，約我以禮」，從上聖賢教人，未有不先自致知始。[106]

可見在朱熹的想法裡，人若想讓自身意念的發動皆真誠無妄、想使心的所有運作全合正道（這便是「意誠」、「心正」的「思無邪」境界），便絕不能只泛泛地停滯在敬謹謙和的生命態度上。因唯有經由格物致知的踐履工夫，凡事順應於大道的「敬」的精神才算真正落實（引文中所云「所謂敬者，何處頓放」，即顯露出朱熹以為缺少格致工夫的「敬」，其實只是種飄忽不定的光影）；又也唯有如此，人在「應事接物」的現實生活中才真能舉止得宜、無所缺憾。[107]

---

[106] 《朱子語類（二）》，卷23，頁545。

[107] 事實上在朱熹的思維裡，持敬先於格致只是理論層面的原則。因在實際工夫歷程中，朱熹相當強調唯藉由持敬、格致工夫的交相運作，二工夫

　　當持敬這先行工夫為吾人所理解後，我們便可將視線正式聚焦於格物致知這朱熹尤其看重的工夫上。關於格致工夫推展的境況，朱熹於其精心撰寫的〈格致補傳〉裡，曾作了如是的鋪敘：

> 所謂致知在格物者，言欲致吾之知，在即物而窮其理也。蓋人心之靈莫不有知，而天下之物莫不有理，惟於理有未窮，故其知有不盡也。是以〈大學〉始教，必使學者即凡天下之物，莫不因其已知之理而益窮之，以求至乎其極。至於用力之久，而一旦豁然貫通焉，則眾物之表裡精粗無不到，而吾心之全體大用無不明矣。此謂物格，此謂知之至也。[108]

方能確實完成。如朱熹曾謂：「居敬是簡收斂執持底道理，窮理是簡推尋究竟底道理。只此二者，便是相妨。若是熟時，則自不相礙矣。」（《朱子語類（一）》，卷9，頁150）這是先點出持敬與格致工夫在初行時一者向內、一者向外的拉拒相。此外朱子又說：「持敬是窮理之本；窮得理明，又是養心之助。」（出處同前）這便指出凡事敬謹的持敬工夫，雖是格致工夫得以推展的基礎，然當於事事物物上皆能感通、領悟其中至道時，亦能反過來使敬謹的工夫更為通透。由此可知，格致、居敬二工夫在朱熹眼裡，實際是相輔相成、毫不相礙的。故朱熹方如此說道：「學者工夫，唯在居敬、窮理二事。此二事互相發。能窮理，則居敬工夫日益進；能居敬，則窮理工夫日益密。譬如人之兩足，左足行，則右足止；右足行，則左足止。又如一物懸空中，右抑則左昂，左抑則右昂，其實只是一事。」（出處同前）這便真切地揭示了持敬、格致工夫彼此依恃、交相啟發的情況。

[108]《四書章句集注・大學章句》，頁6~7。

在這段主爲解釋〈大學〉「致知在格物」[109]一語的詮說文字中，朱熹對格致工夫推行狀況的看法可說相當明白。他以爲：依憑著持續進展的外向即物窮理工夫（由已知至未知，由少件事到無限多事），人便能回復足以涵攝並感應事物道理的內心本有識度（亦即復明那本有的仁心）。然任何瀏覽過朱熹此段著名文字的人，都不免對該工夫次第起這樣的疑問，那就是：向外延展的格致工夫，將如何促使內在的生命本質發生轉化？又朱熹強力擔保的「一旦豁然貫通焉」的境地，究竟是怎麼達到的？爲理解這一連串難解的問題，我們也許不當一味滯留於對〈格致補傳〉一類說理文字的解析上，因爲重演朱熹格致工夫進展的實際歷程，或將自然揭明前述問題的某些答案。

就讓我們先進入一首格物詩的語境，來體驗朱子的格物歷程。該首名爲〈寄謝劉彥集菖蒲之貺二首（之二）〉的詩是這麼道說的：

> 泉清石瘦碧纖長，秋露懸珠炯夜光。箇裡無窮閒造化，別來誰與共平章？[110]

爲答謝好友（亦是朱子的妹夫）劉翔所贈的菖蒲，[111]朱熹寫下了這首意蘊豐厚的絕句。我們或可如是重新體會朱子的心情與領悟：

---

109 《四書章句集注‧大學章句》，頁3。
110 《朱熹集（一）》，卷6，頁268。
111 朱熹與劉翔（彥集）親族間的關係至爲密切。當朱子的父親朱松去世時，把撫育朱熹的重責託付給胡籍溪、劉白水、劉屏山三人。而劉彥集即

面對著親友贈予的菖蒲，有所感觸的朱子漸漸沉浸於一片流動無息的世界網絡中——菖蒲纖細碧綠的莖葉，來自清泉與幽石的滋育，大地的承載與灌溉由此浮現；而秋夜凝結於菖蒲表面的清亮露水，則源於雲彩與涼風的化育，天空的包覆與潤澤也隨之呈顯。又這一切運作皆是大道自然而然的運作，是以一株纖巧可人的菖蒲，實則可說牽連著整個無盡的大化世界（或者反過來說，菖蒲本身就是大化世界具體而微的縮影）。那麼，同為大化所生育、且亦生存在此無窮網絡裡的人，有多少能由一株菖蒲的生意，真切體悟其背後生生不息的大化脈動呢——有此感悟的朱子於此大抵陷入一與物無隔、與道相合的至妙境地，又其遍愛萬物的本有仁心，自此或便油然而生了吧！而這從格物至沉浸於大化世界的脈動中，乃至有所省悟地覺察本具仁心的全部過程，不正是朱子由感通外物到引發生命本質產生轉化的格致思路嗎！[112]

是劉屏山的堂兄弟，後亦成為朱子的妹夫。又彥集之父劉秀野於崇安縣南營室築園，且與二十八歲後請祠居家的朱子時有酬唱往來，故朱子所得的菖蒲，蓋即來自劉氏花園。有關朱子與劉氏家族的關係，可參看申美子：《朱子詩中的思想研究》，臺北：文史哲出版社，1988年，頁17~18。

[112] 在此有個考證問題需要處理。據申美子先生的考訂，《朱子文集》卷六所收的詩作，大蓋是朱熹自三十九歲到四十九歲（這段時間，朱子主要在崇安縣家中居住）的作品（見氏著：《朱子詩中的思想研究》，頁6），這便使收錄於該卷裡的〈寄謝劉彥集菖蒲之貺二首（之二）〉一詩，產生了解釋上的難題——這首詩雖與四十歲後成熟的朱子哲思配合性頗高，但它也有可能寫於三十九歲（朱子哲學一般認為是在四十歲提出〈中和新說〉後方告定型）。若是出於後種狀況，那麼就將引發以此詩來詮釋朱子成熟的格致思想是否適當的問題。然而，基於這首詩的意境與朱子的格致理論可密切搭配（這點在後文的論述中便可看出），再加上朱子

更詳細地說，有上述實際格致體驗的朱熹，的確深信透過格物致知的踐履進路，真可促成吾人生命本質的轉化（轉化至本初純淨美好的狀態）。如其曾謂：

> 許多道理，皆是人身自有底。雖說道昏，然又那曾頑然怎地暗！也都知是善好做，惡不好做。只是見得不完全，見得不的確。所以說窮理，便只要理會這些子。[113]

這便點出看似外向的格物工夫，實為喚醒自身本有道理的內向修為。此外，朱熹曾說：「理不是在面前別為一物，即在吾心。人須是體察得此物誠實在我，方可。譬如修養家所謂鉛汞、龍虎，皆是我身內之物，非在外也。」[114]又說：「不可只把作面前物事看了，須是向自身上體認教分明。如道家存想，有所謂龍虎，亦是就身上存想。」[115]這即是藉當時道教內丹術依憑本有的生理資質進行修煉的情況（有別於從前方術之士用各式外在材料煉丹藥的外丹術），以申明格物窮理之工夫，其實旨在開掘內在本具性理的道理（故其性格同於於自家身上修煉的內丹術，而有別於外向的燒爐煉

思想前後期間其實是有其連續性的（如細究〈中和新書〉的內容，我們便可發現其中有許多想法，根本就是在解決〈中和舊說〉裡未圓滿解釋的課題；另外朱子早年許多精采的領悟，事實上亦是通貫朱子一生的思想的——如朱子三十七歲所寫的〈觀書有感〉二詩，其詩境就被晚年的朱子一再援用），所以在此選用這首詩，應當還算是適切的。

113 《朱子語類（一）》，卷9，頁154。
114 《朱子語類（一）》，卷9，頁155。
115 《朱子語類（一）》，卷8，頁142。

丹）。[116]而由朱熹格菖蒲所達至的感悟境地來看，我們也可肯定經外向地格物窮理、以內在地興發本有之善性這朱熹執持的特殊理念，確實是能行得通的。是以當朱熹弟子質疑格物工夫恐有援用外在道理以修養身心的毛病時（亦即質疑其偏離了儒家修身的內省傳統），朱子能以「格致工夫乃是出外辦家事的兒子」這妙喻來點化弟子，看來也是極其自然的事了！[117]

---

[116]簡要地說，外丹之術即是吾人所熟悉的方術之士燒爐煉丹；而所謂的內丹，則是宋以後大為興盛的一種內向煉養之術：基本上它是以人身為丹爐，以身體本有的心精氣腎，比作鉛汞水火一類煉丹材料，再透過吐納、呼吸、靜坐、煉養等功夫，以養丹藥於自身之內。關於外丹、內丹詳細的說法，可參考葛兆光：《道教與中國文化》，臺北：臺灣東華書局股份有限公司，1989年，頁121~132、頁307~313。

[117]關於此譬喻，《語類》中的記載是這樣的──問：「『知至而后意誠』，故天下之理，反求諸己，實有於此。似從外去討得來」云云。曰：「『仁義禮智，非由外鑠我也，我固有之也，弗思耳矣！』」【原注：屬聲言「弗思」二字。】又笑曰：「某常說，人有兩箇兒子，一箇在家，一箇在外去幹家事。其父卻說道在家底是自家兒子，在外底不是！」（《朱子語類（一）》，卷15，頁303）這即是藉格致工夫如同在外辦家務事的兒子這比方，來闡明格物致知終是內向工夫的事實。另《語類》裡還有一條類似記錄──問：「格物則恐有外馳之病？」曰：「若合做，則雖治國平天下之事，亦是己事。『周公思兼三王，以施四事。其有不合者，仰而思之，夜以繼日，幸而得之，坐以待旦。』不成也說道外馳！」又問：「若如此，則恐有身在此而心不在此，『視而不見，聽而不聞，食而不知其味』，有此等患。」曰：「合用他處，也著用。」又問：「如此，則不當論內外，但當論合為與不合為？」先生頷之。（《朱子語類（一）》，卷15，頁288）可見在朱熹的格致思維裡，根本沒有執內執外的問題，因為只要是透徹地知道某事應該去做，那麼便是自己本有的天責，而絕非什麼向外討來的道理。

藉由對朱熹格物詩之詮釋，吾人已大致瞭解格致工夫由外導向內的特殊性格，現在我們即可來論述「一旦豁然貫通焉，則眾物之表裡精粗無不到，而吾心之全體大用無不明矣」的境界（亦即「心與理合」的境界）究竟何以能達成這課題。而《語類》中載有的一段討論，或可作為吾人思路的指引，該段文字是這樣的：

> 問：「格物最難。日用間應事處，平直者卻易見。如交錯疑似處，要如此則彼礙，要如彼則此礙，不審何以窮之？」曰：「如何一頓便要格得恁地！且要見得大綱，且看箇大胚模是恁地，方就裡面旋旋作細。如樹，初間且先砍倒在者裡，逐旋去皮，方始出細。若難曉易曉底，一齊都要理會得，也不解恁地。但不失了大綱，理會一重了，裡面又見一重；一重了，又見一重。以事之詳略言，理會一件又一件；以理之淺深言，理會一重又一重。只管理會，須有極盡時。『博學之，審問之，慎思之，明辨之，』成四節次第，恁地方是。」[118]

面對弟子切身的踐履難題，朱熹指出了完滿的格致工夫，其實並不倚賴零散、無交集的頓悟（因這類在零星事物上起的零散領悟，其實是維持不了多久的）；言下之意，朱子顯然以為唯經由成體系的實踐進路，物格知至這工夫純熟的圓滿境地方能達到。但這成體系的踐履工夫又是如何施展的呢？上引朱熹的話語，至少透露出先立

---

[118] 《朱子語類（一）》，卷15，頁285~286。

大綱、於每物格透以開掘深度、與由淺近事延伸出去以開拓廣度這三個工夫要點。以下我們就來看看這三個要點的個別內涵，以及其施用後又將產生怎樣的效果。

先談立定大綱的問題。所謂的「要見得大綱，且看箇大胚模是恁地」，大抵即是先肯定人與萬物共生於德性化世界裡的事實。如朱熹曾說：「窮理，如性中有箇仁義禮智，其發則爲惻隱、羞惡、辭遜、是非。只是這四者，任是世間萬事萬物，皆不出此四者之內。」[119]又說：「如今說格物，只晨起開目時，便有四件在這裡，不用外尋，仁義禮智是也。如今才方開門時，便有四人在門裡。」[120]這即表述出朱熹心中所執持的理念：自身本具仁義禮智等性理，且人所交接的世界萬物亦不出道德世界的範圍外（亦即任何事物總有道德意涵可推說）。當如是的理念植根於人心上後，除了一方面能保證感通事物以喚醒自身性理的格致工夫得以落實外，更要緊的，乃在它將使格致工夫聚焦在於事事物物上起道德感發這具無上價值的境域內。那往後格致工夫能夠順當推展的關鍵（亦即總往開發生命意義的方向逐步邁進），顯然便取決於立大綱這工夫要領的落實上了。

至於「以理之淺深言，理會一重又一重」數語，說明著朱熹以爲，格物工夫是要在每個單一事物上都要見得透徹，亦即要見到物與我共存於大化網絡裡而實無差別這至深境地。比方關於心性情的理解（這是與人最切近的事物），朱熹便示範過如下的深層格致工夫：

---

[119] 《朱子語類（一）》，卷9，頁155。

[120] 《朱子語類（一）》，卷15，頁285。

> 凡看道理，要見得大頭腦處分明。下面節節，只是此理散
> 為萬殊……且如惻隱之端，從此推上，則是此心之仁；仁
> 即所謂天德之元；元即太極之陽動。如此節節推上，亦自
> 見得大總腦處。[121]

話語中所謂「大頭腦處」或「大總腦處」，其實亦如同前面所談的「大綱」或「大胚模」般，皆意謂著看似繽紛的萬象事物，實皆源自太極至理所帶起的大化運作這世間實相。而在進行「如言性，則當推其如何謂之性；如言心，則當推其如何謂之心」[122]這格心性的工夫時，朱熹的作法正是層層剖析心性情之內涵（亦如剖樹去皮般層層加深），直至逼顯出心性情背後的整個大化世界為止——亦即格至那「大頭腦處」完全呈顯的境界，進而使人徹底了悟人那「溫然愛人利物」之仁心實為天地「塊然生物之心」的道理。又必得注意的是，朱子此項工夫要點的施用範圍，自然包括心性情外的所有事物，[123]故如菖蒲一類看來與人無甚切要關聯的微細事物，方亦被朱熹格至大化生意全然浮現的境地；而這不限定對象、且以透徹為標的的工夫，便是朱熹格致工夫的另一特點。

---

[121] 《朱子語類（一）》，卷9，頁155~156。

[122] 《朱子語類（一）》，卷15，頁284。

[123] 朱熹於格完心性後接著說道：「若今看得太極處分明，則必能見得天下許多道理條件皆自此出，事事物物上皆有箇道理，元無虧欠也。」（《朱子語類（一）》，卷9，頁156）這便透顯出朱子亦認為其它萬事萬物也為太極至理所生化，且亦均稟有該至理。是以心性情外的其它事物，在朱熹眼裡顯然皆有感格、窮究的絕對價值，而於這類事物上施展格致工夫，當然也就成了儒者不可或缺的功課了。

　　那這以透徹為標的的工夫重點在施展時，又將產生何種效果呢？朱熹的看法乃是：當吾人於事物上格至逼顯出整個大化網絡的境地時，人將得以真切體會物我無隔這世間至理；而該種透徹的領悟除將直接引發本有的仁心外，也將連帶啟動仁民愛物的實踐活力。故如朱熹所說「致知所以求為真知。真知，是要徹骨都見得透」[124]數語，即說明格物後所領會的道理，是得到與自家生命融為一體這「徹骨都見得透」的深度方稱究竟；又如是的「真知」所以能興起道德意識乃至踐履的實際行動，也自是理所當然的事了。朱熹曾云：「若講得道理明時，自是事親不得不孝，事兄不得不弟，交朋友不得不信。」[125]這一連串「不得不」的語彙，即將人於人倫道德上真有領會時，所自然帶起的倫常實踐力量如實呈顯出來；另外朱熹曾這般說道：

> 自家知得物之理如此，則因其理之自然而應之，便見合內外之理。目前事事物物，皆有至理。如一草一木，一禽一獸，皆有理。草木春生秋殺，好生惡死。『仲夏斬陽木，仲冬斬陰木』，皆是順陰陽道理。自家知得萬物均氣同體，『見生不忍其死，聞聲不忍食肉』，非其時不伐一木，不殺一獸，『不殺胎，不殀夭，不覆巢』，此便是合內外之理。[126]

---

124 《朱子語類（一）》，卷15，頁283。

125 《朱子語類（一）》，卷9，頁152~153。

126 《朱子語類（一）》，卷15，頁296。

這便道出人在格得草木禽獸之理後，除能作出如「仲夏斬陽木，仲冬斬陰木」等配合物理的行為外，在「自家知得萬物均氣同體」的徹悟下，人亦總會興起「不忍」之仁心，而作出「不殺胎，不殀夭，不覆巢」等遍愛萬物的適切舉止。凡此種種，皆足說明這以透徹為標的的工夫要領必能引發實踐力道的事實。[127]

又關於「以事之詳略言，理會一件又一件」的格致工夫要點，則是指由已熟悉的事理出發，逐漸向四方旁通其它事理，以求達至無所不通的境地。《語類》記載著如斯的討論：

> 子淵說：「格物，先從身上格去。如仁義禮智，發而為惻隱、羞惡、辭遜、是非，須從身上體察，常常守得在這裡，始得。」曰：「人之所以為人，只是這四件，須自認取意思是如何⋯⋯此四者，人人有之，同得於天者，不待問別人假借⋯⋯如今若認得這四箇分曉，方可以理會別道

---

[127] 《語類》中錄有如是的討論——吳仁甫問：「誠意在致知、格物後，如何？」曰：「源頭只在致知，知至之後，如從上面放水來，已自汎流湍決，以只是臨時又要略點撥別，莫令壅滯爾。」（《朱子語類（一）》，卷15，頁300~301）這即是藉水自源泉處自然奔放貫流的意象，來闡發有真切領悟後必帶動真誠善念之勃發的實情。此外朱熹在通論「涵養」、「致知」與「力行」的關係時，曾如是說道：「如公昨來所問涵養、致知、力行三者，便是以涵養做頭，致知次之，力行次之。不涵養則無主宰⋯⋯既涵養，又須致知；既致知，又須力行。若致知而不力行，與不知同。（然）亦須一時並了，非謂今日涵養，明日致知，後日力行也。」（《朱子語類（七）》，卷115，頁2777）這便說明了雖在理論上涵養、致知與力行有先後的工夫次第可推說，但在實際踐履時三者總是交相滲透的；而這現象也說明了格致必將落之實踐的道理。

理。只是孝有多少樣，有如此為孝，如此而為不孝；忠固
是忠，有如此為忠，又有如此而不喚做忠，一一都著斟酌
理會過。」[128]

由此可見確實感格本具的仁心，並由此在人倫網絡裡旁通各式倫常
道理，便是朱熹師弟所認可的格致工夫基本要領。[129]至於其它事
物，朱熹認為吾人便可以那已嫻熟的倫常道理為基礎來件件感格
之。故其曾說：

> 至於物，亦莫不然（即如同人般亦天生持有感官之理乃至
> 倫常道理）。但其拘於形，拘於氣而不變。然亦就他一角
> 子有發見處：看他也自有父子之親；有牝牡，便是有夫
> 婦；有大小，便是有兄弟；就他同類中各有群眾，便是有
> 朋友；亦有主腦，便是有君臣。只緣本來都是天地所生，
> 共這根蒂，所以大率多同。聖賢出來撫臨萬物，各因其性
> 而導之。如昆蟲草木，未嘗不順其性，如取之以時，用之
> 有節。[130]

---

[128]同註120。

[129]朱熹曾謂：「格物，須是從切己處理會去。待自家者已定疊，然後漸
漸推去，這便是能格物。」（同註122）這便道出真切體悟本有之性理，
乃是格致工夫得以推展的基石的道理。又朱熹曾說：「格物，莫先於五
品。」（出處同前）可見於五倫這人所生活的人際網絡裡感通倫理，亦是
格致工夫的初步功課。

[130]《朱子語類（一）》，卷14，頁256。

這便透顯出在朱熹眼裡，人的確可依憑己所熟知的事理（在此即指人際間的倫常道理）不斷往外擴充，故連草木禽獸之理亦可爲吾人所真切感通（且甚至將進一步引發「取之以時，用之有節」這類遍愛萬物的道德行爲）；而如是無限延伸下去，除萬象事物之理可成系統地爲吾人所掌握外，吾人大抵亦離「眾物之表裡精粗無不到，而吾心之全體大用無不明矣」這「豁然貫通」的至境不遠了！

　　細究於每物格透以開掘深度、與由淺近事延伸出去以開拓廣度這兩個各具特色的工夫要點，我們將可發現二者除在深度與廣度上有明顯差異外，其更重要的分野，正在前者尚未全然脫離於零星事物上起零散領悟的生澀境況，而後者卻已邁向「豁然貫通」這工夫圓熟的境地了。如朱熹曾說：「格物，是逐物格將去；致知，則是（心）推得漸廣。」[131]又說：「凡自家身心上，皆須體驗得一箇是非。若講論文字，應接事物，各各體驗，漸漸推廣，（則自家身心）地步自然寬闊。」[132]這便說明朱熹相信經由紮實格物工夫的逐步推廣，吾人內心本有的「具眾理而應萬事」的識度與能力，也將隨著所感悟道理的漸漸增廣（且是有體系地漸漸增廣）而逐步揭明；[133]在此境況下，人自然便可憑藉這重新在心上開掘出的無窮

---

[131]《朱子語類（一）》，卷15，頁291。

[132]同註122。

[133]朱熹曾說：「致知乃本心之知。如一面鏡子，本全體通明，只被昏翳了，而今逐旋磨去，使四邊皆照見，其明無所不到。」（同註124）又說：「思索譬如穿井，不解便得清水。先亦須是濁，漸漸刮將去，卻自會清。」（《朱子語類（一）》，卷9，頁159）這即是藉磨鏡與浚井的譬喻，說明清明廣闊的仁心得在於事物上逐件格去這漸教工夫的施展下，方得以全然回復。此外，朱熹曾這麼說道：「格物、致知，彼我相對而言

感應能力，於繁複的生存世界裡洞悉種種事理，以作出各式適切的言行舉止，亦即終能臻至格致工夫圓熟的境地。又也正是因為這向四方延展出去的格物窮理工夫，將內向地喚醒仁心本具的無限本能，朱熹方說出如下的話語：「只守著一些地，做得甚事！須用開闊看去。天下萬事都無阻礙，方可。」[134]、「大著心胸，不可因一說相礙。看教平闊，四方八面都見。」[135]可見為恢復心中那足以感通、回應萬理的神妙能力，朱熹以為這由淺近事延伸出去以開拓廣度的工夫要領，是絕對要把守住地！[136]

耳。格物所以致知。於這一物上窮得一分之理，即我之知亦知得一分；於物之理窮二分，即我之知亦知得二分；於物之理窮得愈多，則我之知愈廣。其實只是一理，『才明彼，即曉此』。所以〈大學〉說『致知在格物』，又不說『欲致其知者在格其物』。蓋致知便在格物中，非格之外別有致處也。又曰『格物之理，所以致我之知。』」（《朱子語類（二）》，卷18，頁399）這便將逐步向外擴展的格物工夫實即逐步向內開掘自身本有識度的致知工夫的辯證道理，明白呈顯出來。而抱持此理念的朱熹，自然相信經由格致工夫的無盡延伸，確實是可內向地開掘吾人心中本具的無窮能力的，亦即回復那仁心本有的「具眾理而應萬事」的本能。

[134] 《朱子語類（一）》，卷9，頁158。

[135] 同前註。

[136] 在此或許有人會問，這由淺近事延伸出去以開拓廣度的工夫要領，究竟要格多少東西才算足夠？《語類》中的這段討論道出了答案——問：「知至若論極盡處，則聖賢亦未可謂之知至。如孔子不能證夏商之禮，孟子未學諸侯喪禮，與未詳周室班爵之制類否？」曰：「然。如何要一切知得！然知至只是到脫然貫通處，雖未能事事知得，然理會得已極多。萬一有插生一件差異底事來，也都識得他破。只是貫通，便不知底亦識將去。某舊來亦如此疑，後來看程子（明道）說：『格物非謂欲盡窮天下之物，又非謂只窮得一理便到，但積累多後自脫然有悟處。』方理會得。」

　　若更深入地講，先立大綱、於每物格透以開掘深度、與由淺近事延伸出去以開拓廣度這三個工夫要領在施展時，其實亦是交相搭配而密不可分的。如立大綱的工夫得將吾人的關注焦點先集中在倫常道理的感格上，於個別事物上徹底格透事理的格致工夫，方得以順當地興起吾人的道德意識（當然亦包括隨之引發的道德踐履行為）；此外，由已知推展出去的工夫要點，除將零散的各式領悟建構成有理路可推說的體系外，同時也將反向促使吾人本具之仁心恢復無窮的識度、與敏銳的旁通、回應能力。是以在此我們或可說，正是基於上述三個工夫要領的相互配合，整個格致工夫的推展才能有條理、有體系地進行，而格致工夫的圓熟境地，亦即能貫通萬理且隨事起適當反應的工夫境界，方得以漸漸趨於完滿。如是一來，心理合一的至高境界也將得以自然呈現了吧！《語類》裡載有這樣一段對答：

> 次日（弟子）稟云：「……既是如此窮究，則仁之愛，義之宜，禮之理，智之通，皆在此矣。推而及於身之所用，則聽聰，視明，貌恭，言從。又至於身之所接，則父子之親，君臣之義，夫婦之別，長幼之序，朋友之信，以至於天之所以高，地之所以厚，鬼神之所以幽顯，又至草木鳥

（《朱子語類（二）》，卷18，頁396）可見此工夫要領的重點，其實不在格了多少事（當然也不可只格少數事），而在得將心中本有的足以感通、回應所有事理的神妙能力喚醒（此即引文中所謂的「脫然貫通處」）。又這便意謂著吾人未必真要把世上所有事物格盡（況且這在現實上也是不可能的）。

獸，一事一物，莫不皆有一定之理。今日明日積累既多，則胸中自然貫通。如此，則心即理，理即心，動容周旋，無不中理矣。先生所謂『眾理之精粗無不到』者，詣其極而無餘之謂也；『吾心之光明照察無不周』者，全體大用無不明，隨所詣而無不盡之謂。《書》之所謂睿，董子之所謂明，伊川之所謂說虎者之真知，皆是。此謂格物，此謂知之至也。」先生曰：「是如此。」[137]

這段對答可謂正把朱門的格致理念整全地表述出來，那就是：經由紮實、不間斷的格物窮理工夫，人非但能真切領悟本有的種種性理，且還可適切轉化身體的各式官能，使其與道德意識之勃發總可密切配合；又更重要的是，人因此還能在人際間、乃至整個宇宙網絡裡洞燭所有事理，並作出各種合於道理的反應。而這種「心即理，理即心，動容周旋，無不中理」的境地——亦即全然與大化脈動合一的境地——大抵便是儒者所追求的共同目標了。

在本節的末了，我們可作如是的整理：

朱熹以為，人本可依憑心性情等內在資質，配合天道之運作而過著事事自然順理的幸福生活。然而，由於伴隨生化過程中所產生的種種因素，如欲望的流蕩、性向的偏頗、資質的不純美乃至生長環境的局限等起的干擾作用，便使得人通常沒法過那與道合一的理想生活。

---

[137]《朱子語類（二）》，卷18，頁408。

　　面臨此困局，朱熹主張唯有經由格物致知工夫的踐履，方能使吾人復返那與道合一的理想生活。簡要地說，格致工夫在朱子的思維裡，乃是種透過徹底體悟事物之道理，以內向地喚醒吾人本有的道德意識的特殊修道進路。又朱子認為格致工夫在推展時，尚需搭配持敬這先行工夫，及同時兼顧先立大綱、於每物格透以開掘深度、與由淺近事延伸出去以開拓廣度這三個工夫要領，方能順遂推展開來。而最終當這由外導向內的工夫達至圓熟境地時，朱子以為人與大化脈動重新合一的時刻也將隨之自然到來。

　　最後，我們或可細細品味朱熹的兩段話語：

> 曹又問致知、格物。曰：「此心愛物，是我之仁；此心要愛物，是我之義；若能分別此事之是，此事之非，是我之智；若能別尊卑上下之分，是我之禮。以至於萬事萬物，皆不出此四箇道理。其實只是一箇心，一箇根柢出來抽枝長葉。」[138]

> 格物窮理，有一物便有一理。窮得到後，遇事觸物皆撞著這道理：事君便遇忠，事親便遇孝，居處便恭，執事便敬，與人便忠，以至參前倚衡，無往而不見這箇道理。[139]

前、後兩段話語分別道說著格致工夫臻於純熟境地後，在心上與事物上所將達到的境況：在心上，吾人既已回復「具眾理而應萬事」

---

[138] 《朱子語類（一）》，卷15，頁293~294。
[139] 《朱子語類（一）》，卷15，頁289。

這仁心本有的識度與能力，那吾心便將如同樹木「抽枝長葉」般，自然感通所有事理而無任何勉強相；又在格致工夫完滿之際，吾人便得以在日用間直接感應事物背後隱微難見的各式道理，那麼，在各種情境中總能作出合適之反應也是自然而然的事了。朱熹曾將格致工夫的進程分為由外在道理約束身心、自覺事物道理即是我本有道理，以及得以隨事自然興發道德意識這三個層級，[140]而朱子所以能道說出上述這頗具詩意的譬喻與言語，大抵是因為他已經由嚴謹的歷練，而親身體驗過了得以隨事自然興發道德意識這格致工夫的圓融境界吧！[141]

---

[140]朱熹曾說：「而今說格物窮理，須是見得箇道理親切了，未解便能脫然去其舊習。其始且見得箇道理如此，那事不是，亦不敢為；其次，見得分曉，則不肯為；又其次，見得親切，則不為之，而舊習都忘之矣。」（《朱子語類（一）》，卷15，頁289~290）而所謂的「見得箇道理如此，那事不是，不敢為」，大抵是指以外在事理來警惕、約束自我欲念的階段；又所謂的「見得分曉，不肯為」，則指已真切體悟事理之意涵而興起道德意識的階段；至於所謂的「見得親切，則不為之，而舊習都忘之矣」，蓋指工夫純熟後所達至的隨事自發道德意識的渾然自在境界。

[141]我們若檢視坊間討論朱熹哲思的著作，將發現許多論著在處理朱熹的格致思想時，其論點大多無法契合朱子本人的想法。如當代大儒牟宗三在論述朱熹哲學時（詳見氏著：《心體與性體（三）》，臺北：正中書局，1969年），便直接以主客對待的方式來理解朱熹的格致思想，且動輒以陷於「泛認知主義」或「他律道德」等觀點來進行批評。究其緣由，大抵出在牟氏總是持守陸王以心性論為核心的哲思架構，來審核朱熹的格致思想，而從未真切地從朱熹的觀點（朱子思想是以宇宙論為核心，且以回復天人合一境地為理想價值）來理解該思想的特殊理路。又這也導致牟氏非但難以掌握朱熹的格致理念，且很容易便以陸王所謂「逆覺體證」的修道進路來苛責朱熹。其實吾人只要把朱熹的格致工夫論與心性論擺回宇宙論

第五節　小結

經由前文的詮釋，「朱熹對天道以及人道的省思」這課題大抵
已為吾人所理解。在此，我們或可作這樣的結論：

首先，由於朱熹是在一并理解世界意義與人生價值的境況下發
展其哲思理念，這便促使朱熹總是從把人置於大化網絡裡的特定角
度，來思索種種問題；而這特殊的宇宙論視角，便從根本上決定了
朱熹天道、人道思維的性格與特色。

在天道思維上，朱熹認為整個宇宙乃至其中存在的萬事萬物，
是太極至理落身於氣化活動上所自然成就出的。且要緊的是，共存
於世的萬象事物因在生化歷程裡稟有同樣的太極至理，這便導致所
有事物均因能彼此感應，而共同交織出了張綿密繁複的生存網絡。
這種天道生育不息、萬物往來互動的流動圖像，大抵就是朱熹所執
持的天道觀。

至於在人道上，朱熹以為只要依憑吾人本有的那顆「具眾理而
應萬事」的仁心，便足以使人敏銳地感通所有事理，進而作出各式
合理的言行。然由於各種先天、後天因素的影響，乃造成日常狀態

的大格局裡，就不難理解朱熹格致思想由外導向內的辯證思路與其價值所
在。而由牟氏的誤解，或可使吾人重新反省正視所討論對象的思路特徵的
重要性。

下的人，通常沒法彰顯其心本有的無窮識度與那神妙的感應力。這時，朱熹主張唯有透過格物致知這條修道進路，方能促使吾人脫離上述的窘境。

　　所謂的格物致知，其實正是一種搭配宇宙論思維的修道進路。朱熹認為：人既生活在繁複的網絡世界中，是以只要能在事物上徹悟那物我無分、萬物實皆源自大化之生育的道理，必能興起心底那感應、遍愛萬物的仁德；又再藉由所感悟的真知成體系的擴展，仁心本有的無窮識度，與隨物而發的神妙感通力自然得以回復。如是一來，朱熹以為吾人便已藉由格物致知這條「人道」，重返那與道合一的人生至境了。

第三章　朱熹對經典以及經學的領會

第一節　前言

　　李方子是朱熹的入室弟子。在其師過世後,他編訂了年譜(亦即《朱子年譜》,這應是最早問世的朱子生平記錄),以追憶朱子畢生的生命歷程。在述說朱熹爲學求道的進路與所達至的境界時,李方子曾留下了如是的言語:

> 先生之道之至,原其所以臻斯閫者,無他焉,亦曰:主敬以立其本,窮理以致其知,反躬以踐其實,而敬者又貫通乎三者之間,所以成始而成終者也。故其立敬也,一其內以制乎外,齊其外以養其內。內則無二無適,寂然不動,以爲酬酢萬變之主;外則儼然肅然,終日若對神明,而有以保固其中心之所存。及其久也,靜虛動直,中一外融,而人不見其持守之力,則篤敬之驗也。其窮理也,虛其心,平其氣,字求其訓,句索其旨,未得乎前,則不敢求

諸後，未通乎此，則不敢志乎彼，使之意定理明，而無躁
易凌躐之患，心專慮一，而無貪多欲速之蔽。始以熟讀，
使其言皆若出於吾之口，繼以精思，使其意皆若出於吾之
心。自表而究裡，自流而溯源，索其精微若別黑白，辨其
節目若數一二，而又反復以涵泳之，切己以體察之，必若
先儒所謂沛然若河海之浸，膏澤之潤，渙然冰釋，怡然理
順，而後為有得焉……蓋自孔孟以降，千五百年間，讀書
者眾矣，未有窮理若此其精者也。其反躬也，不睹不聞之
前，所以戒懼者愈嚴愈敬；隱微幽獨之際，所以省察者愈
精愈密。思慮未萌，而知覺不昧；事物既接，而品節不
差。視聽言動，非禮不為；意必固我，與跡俱泯。無所容
乎人欲之私，而有以全夫天理之正。蓋語默云為之際，周
旋出入之頃，無往而非斯道之流行矣，合是三者，而一以
貫之，其惟敬乎。[1]

經由前文對朱熹格致工夫論的全盤詮釋，我們不難瞭解李方子這段
融匯「主敬」、「窮理」與「反躬」的說法——藉著內、外交相修
養的持敬工夫，再歷經紮實的格致工夫與隨之帶起的踐履力量，於
各式境況中皆能敬謹順理（或說根本已與天理合而為一）的人生至
境，大抵便由朱熹所達成了。然令人納悶的是，李方子於此竟然沒
有援用朱熹的任何格致理論（如前文引用的朱熹格致理論，在此便

---

1 清·王懋竑纂訂：《朱子年譜（四）》，北京：中華書局，1985年，
《叢書集成初編》本，卷4下，頁235~236。

沒有出現），而是直逕以詳盡有序的讀書、抑或是讀經法，來填實
朱子的格物窮理工夫。這現象究竟意味著什麼呢？

　　這情況不限於李方子一人，如朱熹極其看重的弟子黃榦在作
《朱子行狀》時，[2]類似的話語（甚至許多地方，很可能就是抄自
李方子的言語）也這麼被寫下了：

　　　　其為學也，窮理以致其知，反躬以踐其實，居敬也，所以
　　　　成始成終也。謂致知不以敬，則昏惑紛擾，無以察義理之
　　　　歸；躬行不以敬，則怠惰放肆，無以致義理之實。持敬之
　　　　方莫先主一，既為之箴以自警，又筆之書，以為小學大學
　　　　皆本於此。終日儼然，端坐一室，討論典訓，未嘗少輟。

---

[2] 黃榦與朱熹的關係是較李方子更為親近的。陳榮捷先生對黃榦作了如下
的考證——黃榦，字直卿，稱勉齋先生，諡文肅……《宋史》四三○云，
「父沒，榦（時年二十五）往見劉清之（子澄，為朱子講友）。清之奇
之。因命受業朱熹（丙申，一一七六）。時大雪。既至而熹他出。榦因留
客邸，臥起一榻，不解衣者二月，而熹始歸。榦自見熹，夜不設榻，不解
帶。少倦則微坐一椅，或至達曙。嘗詣東萊呂祖謙，以所聞于熹者相質
正。熹與榦書曰，『吾道益孤矣。所望於賢者不輕』。後遂以其子（第三
女）妻榦……熹作竹林精舍成（一一九四），遺榦書有他時便可請直卿代
即講席之語。及編《禮書》（一一九六），獨以喪祭二禮屬榦。稿成，熹
見而喜。病革，以深衣及所著書授榦。手書與訣曰，『吾道之託在此。吾
無憾矣』。訃聞，榦持心喪三年……。」……《學案》全祖望論之曰，
「嘉定（一二○八－一二二四）而後，足以光其師傳，為有體有用之儒
者，勉齋黃文肅公其人」。（見氏著：《朱子門人》，臺北：臺灣學生書
局，1982年，頁261~262）暫且不論《宋史》的記載是否太戲劇化，朱熹
與黃榦相互肯定的情形大抵仍是可信的。故黃榦可說是極瞭解朱熹學問的
弟子，而黃榦論述朱子的種種觀點，也因此具有相當的權威性。

> 自吾一心一身，以至萬事萬物，莫不有理。存此心於齊莊
> 敬一之中，窮此理於學問思辨之際，皆有以見其所當然而
> 不容已，與其所以然而不可易。然充其知而見於行者，未
> 嘗不反之於身也。不睹不聞之前，所以戒懼者愈嚴愈敬；
> 隱微幽獨之際，所以省察者愈精愈密。思慮未萌，而知覺
> 不昧；事物相接，而品節不差。無所容乎人欲之私，而有
> 以全乎天理之正。不安於偏見，不急於小成，而道之正統
> 在是矣。[3]

黃榦這段文字大抵承自李方子的論點。有意思的是，黃氏同樣也沒
花力氣來鋪敘其師的格致理論，而是轉用「終日儼然，端坐一室，
討論典訓，未嘗少輟」這狀貌朱子平日理解、詮釋經籍樣態的白描
語言，來取代格物窮理的詳細說明。而朱門弟子紛紛以讀經、釋經
歷程取代整個格致工夫理論的作法，或許透露出這樣的訊息，那就
是：讀經、釋經的經學大業也許不只是格致工夫的一環而已，因為
這條特殊的語言進路，可能根本就是朱門師弟格物窮理的重點所
在。

　　事實上，朱熹自己曾經說過：「道體用雖極精微，聖賢之言則
甚明白。」[4]言下之意，朱子大體也認為體會「精微」大道的格物
窮理工作，當聚焦於「甚明白」的「聖賢之言」（亦即儒家典籍）

---

[3] 宋・黃榦：《黃勉齋先生文集（三）》，北京：中華書局，1985年，
《叢書集成初編》本，卷8，頁182~183。

[4] 宋・黎靖德編，王星賢點校：《朱子語類（一）》，北京：中華書局，
1994年，卷8，頁129。

上（由此可見前述弟子們的見解，大致是符合朱熹的想法的）。那麼，現在我們面臨的問題應是：儒家經典在朱熹心中究竟是怎樣的語言文字？它何以能取代天道孕育出的萬事萬物，而成為格物窮理工夫的重心所在？又理解、詮釋經典的經學事業，在朱熹身上是怎麼推展的？它如何發揮格致工夫的神妙功用，而使人得以領悟、乃至參與天道之運行？當這一連串問題獲得適切的解釋之後，我們或可解決何以治經是求道入德的正途大道這本文的核心課題。

在此不再多說，就讓我們進入朱熹的語文思維來探索一切問題的答案吧！

第二節　作為「道之文」的儒家經典

想瞭解朱熹是如何看待傳習久遠的儒家典籍這課題，當然得由理解朱熹的整個語文思維來著手。而說到語言文字，常人的腦海總不免浮現語言文字是人類溝通的媒介這樣的印象。但是，該種觀點真能如實呈現語文的精義嗎？且更重要的是，這工具性質的觀點真得契合朱熹乃至多數古人所執持的語文思維嗎？恐怕情況不如此單純。

朱熹於〈讀唐志〉一文中首段的論述，或能帶領吾人進入一異於今人語文觀念的思維世界。該文云：

歐陽子曰：「三代而上，治出於一而禮樂達於天下。三代而下，治出於二而禮樂為虛名。」此古今不易之至論也。然彼知政事禮樂之不可不出於一，而未知道德文章之尤不可使出於二也。夫古之聖賢，其文可謂盛矣。然初豈有意學為如是之文哉？有是實於中，則必有是文於外。如天有是氣，則必有日月星辰之光耀；地有是形，則必有山川草木之行列。聖賢之心既有是精明純粹之實以旁薄充塞乎其內，則其著見於外者，亦必自然條理分明，光輝發越而不可揜，蓋不必託於言語、著於簡冊而後謂之文。但自一身接於萬物，凡其語默動靜，人所可得而見者，無所適而非文也。姑舉其最而言，則《易》之卦畫，《詩》之詠歌，《書》之記言，《春秋》之述事，與夫《禮》之威儀，《樂》之節奏，皆已列於六經而垂萬世，其文之盛，後世固莫能及。然其所以盛而不可及者，豈無所自來？而世亦莫之識也。故夫子之言曰：「文王既沒，文不在茲乎。」蓋雖已決知不得辭其責矣，然猶若逡巡顧望而不能無所疑也。至於推其所以興衰，則又以為是皆出於天命之所為，而非人力之所及。此其體之甚重，夫豈世俗所謂文者所能當哉？[5]

因有感於歐陽修（1007~1072）《新唐書・禮樂志》首句（亦即「三代而上，治出於一而禮樂達於天下」云云）的見解，朱熹方寫

---

5 郭齊、尹波點校：《朱熹集（六）》，成都：四川教育出版社，1996年，卷70，頁3653~3654。

下〈讀唐志〉一文，以反省歷來文學發展的得失。然上引該段文字實在不好理解：首先，談語文爲何要與「日月星辰之光耀」、「山川草木之行列」一類自然現象扯在一起？再者，「有是實於中，則必有是文於外」這遠超乎當下工具語文觀的思維，到底是怎樣的想法？而這種語文，又何以不限於口耳間的語音與簡冊上的符號？爲解開這些扣合在一塊的難題，回溯先民對語文的想法，大抵應是最適切的途徑。

劉勰（466?~539?）於《文心雕龍》首篇〈原道〉裡，曾這樣道說「文的緣起」這文論的首要課題：

> 文之爲德也大矣，與天地並生者何哉！夫玄黃色雜，方圓體分，日月疊璧，以垂麗天之象；山川煥綺，以鋪理地之形；此蓋道之文也。仰觀吐曜，俯察含章，高卑定位，故兩儀既生矣。唯人參之，性靈所鍾，是謂三才。爲五行之秀，實天地之心，心生而言立，言立而文明，自然之道也。傍及萬品，動植皆文：龍鳳以藻繪呈瑞，虎豹以炳蔚凝姿；雲霞雕色，有踰畫工之妙；草木賁華，無待錦匠之奇；夫豈外飾，蓋自然耳。至於林籟結響，調如竽瑟；泉石激韻，和若球鍠；故形立則章成矣，聲發則文生矣。夫以無識之物，鬱然有彩，有心之器，其無文歟！[6]

---

6 梁‧劉勰，范文瀾註：《文心雕龍註（上）》，香港：商務印書館香港分館，1986年，卷1，頁1~2。

這段文字的意蘊是極其豐厚的，劉勰的意思蓋謂：大化世界在成型的歷程裡，總會體現出光采各異的天象與綺麗多變的地理，又萬象事物的纖巧紋路與天然聲響的諧和韻律，也同樣在宇宙生化的進程中一一浮現；那麼，作為世界之成員、且為萬物中獨有敏銳感知力的人，所以能在與事物的交通過程裡，透過體察、感悟「道之文」一類自然文跡而生發真切感動，以致道說出語言文字（這過程可說亦是大化流行的一部分），當然也是自然而然的事了。[7] 如此說來，所謂的「文」，不論它是天地與萬象事物的自然文跡，抑或是人感悟道理後所發出的人文文跡，可說就是大化流衍的具象化或文跡化；而在這大化世界的呈現即是文的思維裡，自然文跡與人文文跡的界線自然並不存在，語文當然也不限於只是口耳間的語音，或是簡冊上的符號了。[8]

　　明白了大化世界的呈現即是文這道理後，前引朱熹的話語，便隨之明朗了：在朱熹看來，先聖先賢能如同大化自然體現出「日月星辰之光耀」與「山川草木之行列」等自然文跡般，在交接事物的

---

[7] 劉勰於〈情采〉裡又曾如是說道：「故立文之道，其理有三：一曰形文，五色是也；二曰聲文，五音是也；三曰情文，五性是也。五色雜而成黼黻，五音比而成韶夏，五情發而為辭章，神理之數也。」（《文心雕龍註（下）》，卷7，頁537）這「神理之數也」一語，同樣表達出人世間各式文采的出現，不論它是「辭章」、抑或「黼黻」、「韶夏」，也是極其自然而不可究詰的事。

[8] 由此可知對劉勰而言，像文何以會出現一類課題（亦即所謂「文的緣起」這類課題），實則沒有成立的必要。因為劉勰以為只要善體大化運行的各式文跡，任何人均將肯認文於大化流行的過程中本就會自然形成這事實。而「文之為德也大矣，與天地並生者何哉」這《文心雕龍》首語所傳達出的，便正是大化世界的呈現即是文這層深意。

種種際遇中，總可彰顯出各式可爲他人感知、領會的生命型態與人格氣象，亦即具體可見的合宜舉止、與抽象然仍可體察的高尚氣質等；而該種由聖賢體道的內在生命自然呈顯出的人文文跡，可說即爲語言文字的本初風貌。又對朱熹來說，蘊涵至道且各具姿態的六經——六經於此已不是白紙寫黑字的符號，而是以「卦畫」、「詠歌」、「記言」、「述事」、「威儀」乃至「節奏」等諸多樣態所呈顯的人文文跡——即是該種本初語言的典範，而這種自然生成的語文，顯然絕不同於後世依憑人力完成的世俗語文。[9]

　　套劉勰「日月疊璧，以垂麗天之象；山川煥綺，以鋪理地之形；此蓋道之文也」這話語，天象地理的自然文采既稱爲「道之文」，那麼任何由體道的生命自然呈顯出的人文文跡，包括生命型態、人格氣象，乃至文字、六經等各式本初文跡，也可視爲是「道

---

[9] 在此必得指出的是，這種繫聯於大化流行的視域所形成的語文觀絕非古人的專利，如德國哲學家海德格後期思想所發展出的語文思維，與此大抵便是出於一轍的。在海德格的想法裡，語言的基本樣態乃是「大道」（Ereignis）的「道說」（Sage），亦即世界生化過程中萬象事物的閃現與解蔽，即是語言的原初狀貌。這種思維可說正與劉勰、朱熹的想法相互呼應。此外，海德格曾如是自設問答——「因此我們要細細思量：語言本身之情形如何？因此我們要問：語言之爲語言如何成其本質？我們答曰：語言說（Die Sprache spricht）。」（德國·馬丁·海德格著，孫周興譯：〈語言〉，《走向語言之途》，*Unterwegs zur Sprache*，臺北：時報文化出版企業有限公司，1995年，頁2）這便點出在思索語言本質的課題時，吾人得將視角拉離「人之說」（亦即語言文字是人的創造物，且爲人所任意使用）的工具性思維，而轉將視線收回「語言說」這大道自行彰顯的領域中；而這種思考路數的轉向，不也和劉勰在詮說「文的緣起」時的態度是一致的嗎？

之文」了。使人留心的是，恰如「道之文」這語彙所透露出的，文字乃至經籍語文在朱熹（亦包括大多數古人在內）眼裡，當如大化流衍自然外顯出各式文跡般是自然而然生發出的；那麼，人在此生發歷程裡便頂多扮演著傳信者的角色，而絕非常人慣於誇稱的全能創制者！

就先以文字為例吧！《朱子語類》裡記錄著這樣的對答：

> 或問：「倉頡作字，亦非細人。」曰：「此亦非自撰出，自是理如此。如『心』、『性』等字，未有時，如何撰得？只是有此理，自流出。」[10]

今人總將倉頡造字的傳說，看成是人類依憑己力創建文明的重大事件，然在朱熹的想法裡，造字其實只是將早已存在的道理藉符號揭示出的過程，而與所謂人類自發的創作力無甚關聯。又這思維絕不是朱熹個人的突發奇想，因《說文解字》在闡發「名」這「文字」的同義字時，許慎（58~147）所下的解說乃是：「名，自命也。從口夕。夕者，冥也。冥不相見，故以口自名。」[11]一則說「自命也」，再則說「冥不相見，故以口自名」，這表露出許慎亦認為文字出現的關鍵，乃在不可知的天道自行揭明一切這點上；所以造字

---

10 《朱子語類（八）》，卷140，頁3335。
11 漢·許慎，清·段玉裁注：《說文解字注》，臺北：天工書局，1987年，影印經韻樓本，篇2上，頁17下。

者所做的，不過是善體天道之透顯以制作出相應的人文，而並非單憑一己之力自造一套符號系統。[12]

　　至於在歷時長久方成立的儒家典籍上，朱熹也抱持著相同的想法。如朱熹於〈易學啟蒙序〉中，便對卦爻的出現（在傳統觀念裡，卦爻的出現是更先於文字的制作的）作了如是的說明：

> 聖人觀象以畫卦，撰著以命爻，使天下後世之人皆有以決嫌疑、定猶豫而不迷於吉凶悔吝之塗，其功可謂盛矣。然其為卦也，自本而幹，自幹而支，其勢若有所迫而自不能已。其為著矣，分合進退，縱橫順逆，亦無往而不相值焉。是豈聖人心思智慮之所得為也哉？特氣數之自然形於法象、見於圖書者有以啟其心而假手焉耳。[13]

---

[12] 另外，像《淮南子・本經篇》中「昔者蒼頡作書，而天雨粟，鬼夜哭」（漢・劉安：《淮南子》，臺北：臺灣商務印書館，1979年，《四部叢刊》影印劉泖生影寫北宋本，卷8，頁4上）的記載，乃樸素地反映出文字創作乃天道、神力的洩漏的原始意義（縱然該書因站在道家立場上，是反對蒼頡此舉的）。這也說明著制作文字與天道外顯的過程是息息相關的。又語言文字的誕生乃源自神妙難知的天道或神力、而絕非人類自身的創作這類想法，其實是早期人類的共通觀念，如哲學家卡西勒（Ernst Cassirer ,1874~1945）於其名著《語言與神話》（*Sprache und Mythos*）裡，便曾聯繫到「瞬間神」（momentary deities）乃至「瑪納」（mana）等原始神力，來論說語言緣起的課題。關於卡氏的學說，參看德國・恩斯特・卡西勒著，于曉等譯：《語言與神話》，臺北：桂冠圖書股份有限公司，1998年，第2~5節。

[13]《朱熹集（七）》，卷76，頁3987。

這段話大抵承自《周易・繫辭下》「古者包犧氏之王天下也,仰則
觀象於天,俯則觀法於地,觀鳥獸之文與地之宜,近取諸身,遠取
諸物,於是始作八卦以通神明之德,以類萬物之情」[14],與〈繫辭
上〉「探賾索隱,鈎深致遠,以定天下之吉凶,成天下之亹亹者,
莫大乎蓍龜。是故天生神物,聖人則之;天地變化,聖人效之;天
垂象見吉凶,聖人象之;河出圖,洛出書,聖人則之」[15]等古代記
載。然較特別的是,朱熹的話語刻意突出了聖人「觀象以畫卦,揲
蓍以命爻」的行為,實乃是種「若有所迫而自不能已」、「無往而
不相值」(亦即非己力所能主宰)的過程;而由「特氣數之自然形
於法象、見於圖書者有以啓其心而假手焉耳」數語看來,朱熹更是
明白地點出《易》成型的關鍵,是在大道假聖人之手以揭示自身這
點上。換言之,《易》的出現在朱熹心裡,可說與大化生育萬物的
行程根本便是同回事。[16]

---

[14] 魏・王弼、晉・韓康伯注,唐・孔穎達等正義:《周易正義》,臺北
縣:藝文印書館,1989年,影印南昌府學重刊宋版《十三經注疏》本,卷
8,頁4下。

[15]《周易正義》,卷7,頁29下。

[16] 類似觀點在《語類》中不斷出現。如朱熹曾說:「然聖人當初亦不恁地
思量,只是畫一箇陽,一箇陰,每箇便生兩箇。就一箇陽上,又生一箇
陽,一箇陰;就一箇陰上,又生一箇陰,一箇陽。只管恁地去。自一為
二,二為四,四為八,八為十六,十六為三十二,三十二為六十四。既成
箇物事,便自然如此齊整。皆是天地本然之妙元如此,但略假聖人手畫出
來。」(《朱子語類(四)》,卷65,頁1605)這也是從大化假聖人之手
的角度,來說明《易》卦的成型。又在論及《易》數時,朱熹說道:「都
不要說聖人之畫數何以如此。譬之草木,皆是自然恁地生,不待安排。數
亦是天地間自然底物事,才說道聖人要如何,便不是了。」(《朱子語類

　　又對一般視爲是先民文學創作典範的《詩》三百，朱熹於〈詩集傳序〉裡表達了以下的見解：

> 或有問於余曰：「詩何爲而作也？」余應之曰：「人生而靜，天之性也。感於物而動，性之欲也。夫既有欲也，則不能無思；既有思矣，則不能無言；既有言矣，則言之所不能盡而發於咨嗟詠歎之餘者，必有自然之音響節奏而不能已焉。此詩之所以作也。」[17]

這段話語當然襲於〈詩大序〉中的著名說法：「詩者，志之所之也。在心爲志，發言爲詩。情動於中而形於言，言之不足，故嗟歎之；嗟歎之不足，故永歌之；永歌之不足，不知手之舞之、足之蹈之也。」[18]但當朱熹於〈詩集傳序〉裡，將這說詞置於其心性情的哲思架構後，〈大序〉中本就有的那份創作是在詩人爲其情感所驅策的狀況下方得以完成的涵意，便得到更深一層的推演：對朱熹來講，人生於世既稟有感通萬物的本能，且總會在與事物的交通過程裡發動成諸多情感，那麼在起感觸之餘，人所以能進一步道出言語、歎詞、乃至尤足體現心靈的詩歌，也是極其自然的事了；而要

（四）》，卷65，頁1608）在卦辭方面，朱熹則說道：「道較微妙，無形影，因卦辭說出來，道這是吉，這是凶；這可爲，這不可爲。」（《朱子語類（五）》，卷75，頁1918）由此可知在朱熹眼中，《易》數與卦辭的出現亦如同造化生物般自然，而同樣也不是什麼人爲創作物。

[17]《朱熹集（七）》，卷76，頁3965。

[18]漢·鄭玄箋：《毛詩鄭箋》，臺北：新興書局有限公司，1990年，影印校相臺岳氏本，卷1，頁1上。

緊的是，人在感通萬象事物時總易自然道出詩歌的歷程，不也是整
個大化運行的一部分嗎？是以吾人若說，〈詩集傳序〉裡傳遞出的
創作觀其實不外是種代言觀，相信朱熹也是不會加以反對的。

此外，在論及《儀禮》成書問題時，朱熹曾謂：「《儀禮》，
不是古人預作一書如此。初間只以義起，漸漸相襲，行得好，只管
巧，至於情文極細密，極周緻處。聖人見此意思好，故錄成書。」
[19]可見在朱熹的想法裡，盛載古代禮儀的《儀禮》，實則源自先賢
體道後踐履出的適切舉止；而隨著時間的更替，由於各式禮儀在傳
習的過程裡逐漸趨於完滿周備，這便促使先聖樂意將各式儀節收錄
成書以為後世典則。而這種情況，自然也是種被驅動的過程。所以
整體說來，《禮經》的成型同樣也脫不開大道假聖人之手以揭示自
身這特殊命題。

更有意思的是，朱熹在品味《中庸》語句時曾發出如斯的感
歎：「《中庸》一書，枝枝相對，葉葉相當，不知怎生做得一箇文
字齊整！」[20]這根本就已將意涵周詳且文章精妙的經籍語文看成是
自然生物了。[21]有此感動的朱熹，進而能以下面的譬喻來陳說經典
的奧妙處，看來也是理所當然的事了。朱熹云：

19《朱子語類（六）》，卷85，頁2194。

20《朱子語類（四）》，卷62，頁1479。

21為更真切瞭解朱熹此段評語的意義，我們或可瀏覽《語類》所錄的這段
問答——（輔廣）又問：「（《中庸》）二十九章『君子之道本諸身』以
下，廣看得第一第二句是以人己對言，第三第六句是以古今對言，第四第
五句是以隱顯對言，不知是否？」曰：「也是如此。『考諸三王而不謬，
百世以俟聖人而不惑』，猶釋子所謂以過去未來言也。後面說知天知人
處，雖只舉後世與鬼神言，其實是總結四句之義。《中庸》自首章以下，

> 道者，文之根本；文者，道之枝葉。惟其根本乎道，所以
> 發之於文，皆道也。三代聖賢文章，皆從此心寫出，文便
> 是道。22

作為「三代聖賢文章」的典籍，在表象上雖出於人之雙手，然朱熹卻將經籍成型的過程，視同深藏地底的樹根抽枝生葉以顯露於外的生化歷程；而這生動的比擬所反映的想法乃是：隱微難曉的至道藉聖賢體道之心發為經籍語文的全部過程，實乃如同生物自發各式天然文采般，皆是極其自然、理所當然的事。由此可知，朱熹確實已把儒家典籍看成是大道的具象化、文跡化，抑或肉身化了。23

多是對說將來。不知它古人如何做得這樣文字，直是恁地整齊！」（《朱子語類（四）》，卷62，頁1591）可見《中庸》作者總以對句語文自然體現出周備義理的書寫方式，便是朱門師弟極其欣賞的主要緣由。

22《朱子語類（八）》，卷139，頁3319。

23事實上朱熹對經典的看法，在程頤（1033~1107）所留下的文獻中便已出現。如伊川於〈答朱長文書〉中便曾說道：「聖賢之言，不得已也。蓋有是言，則是理明；無是言，則天下之理有闕焉。如彼耒耜陶冶之器，一不制，則生人之道有不足矣。聖人之言，雖欲已，得乎？」（宋·程顥、程頤，王孝魚點校：《二程集（二）·河南程氏文集》，北京：中華書局，1981年，卷9，頁600）這段文字同樣也將聖賢是被大道驅策方說話、與聖賢之言實即至道的影顯一類想法明白地表達出。而值得注意的是，海德格也曾藉用「用」（Brauch）與「被用的」（gebraucht）二概念，來敘說大道用人說話、與人被大道所用方能說話等道理。這說法與程朱的想法是可相互呼應的。參見德國·馬丁·海德格著，孫周興譯：〈從一次關於語言的對話而來——在一位日本人與一位探問者之間〉，《走向語言之途》，頁105。不過在此要補充的是，雖說聖賢在編纂經籍的過程裡只扮演著代言人或傳信者的角色，但這也絕不是容易的事。如朱熹曾這般說

　　上述朱熹話語所含蘊的精義尙不僅於此。因至道既藉聖賢體道之心、且假聖賢之手自然形成諸經典，那麼當經典語文完成之際，也正是隱微難曉的天地至理被揭明的時刻了。是以從某種意義來講，這呈顯於世的經典語文，實可視爲是臨現於世的大道自身；而朱熹所云「惟其根本乎道，所以發之於文，皆道也。三代聖賢文章，皆從此心寫出，文便是道」數語，亦正透露出凡由聖賢真切悟道之心所寫出的語文即是至道這特殊理念。

　　進一步說，就是因爲經籍語文如實呈現了天地至理，是以當吾人面臨這道成肉身的經籍語文時，總會感受到一股爲世間真理所撼動的衝擊力道；而套古人的話語來說，此股力道實即經典一類「道之文」所特有的風化力量。對此力量，〈詩大序〉裡早有清晰地陳說。該序文云：

　　　　〈關雎〉，后妃之德也，風之始也，所以風天下而正夫婦
　　　　也。故用之鄉人焉，用之邦國焉。風，風也，教也，風以
　　　　動之，教以化之……故正得失，動天地，感鬼神，莫近於
　　　　詩。先王以是經夫婦，成孝敬，厚人倫，美教化，移風
　　　　俗。[24]

道：「《大學》一字不胡亂下，亦是古人見得這道理熟。信口所說，便都是這裡。」（《朱子語類（一）》，卷14，頁251）可見合格的傳信者（亦即能達到「信口所說，便都是這裡」的至高境界）是得在「見得這道理熟」的狀況下方能稱職，而這顯然也不是常人所能辦到的。

[24] 《毛詩鄭箋》，卷1，頁1上~下。

這乃是從君上教化萬民的立場，申明揭示至道的詩歌，實具有感化生命且使之歸於合禮境地的神妙力量；而這股神力，實即經籍語文特有的風化力量。朱熹曾云：「人惟有私意，聖賢所以留千言萬語，以掃滌人私意，使人人全得惻隱、羞惡之心。《六經》不作可也，裡面著一點私意不得。」[25]這說明著朱熹同樣認為經典語文裡含有一股足以「掃滌人私意，使人人全得惻隱、羞惡之心」的神妙風力。而這股神妙力道，也應是作為至道化身的經典語文最珍貴的價值了。[26]

　　值得留意的是，這既彰明事理且具風化力量的經典語文在朱熹的思維裡，是能整全地傳達世上所有道理的語言，而非止於傳遞某

---

[25] 《朱子語類（一）》，卷11，頁188。

[26] 另外朱熹在詮說《周易・繫辭上》裡「聖人立象以盡意，設卦以盡情偽，繫辭焉以盡其言，變而通之以盡利，鼓之舞之以盡神」（《周易正義》，卷7，頁31上）數語時，曾如是說道：「『變而通之以盡利，鼓之舞之以盡神』，『立象』、『設卦』、『繫辭』，皆為卜筮之用，而天下之人方知所以避凶趨吉，奮然有所興作，不知手之舞之，足之蹈之之意，故曰：『定天下之吉凶，成天下之亹亹者，莫大乎蓍龜。』猶摧迫天下之人，勉之為善相似。」（《朱子語類（五）》，卷75，頁1933）可見在其眼裡，「象」、「卦」、「辭」一類語文亦具有揭示真理、且能促使人奮發向善的作用，而這也是經籍語文所特有的風化力量。又在此要指出的是，類似此力量的想法在海德格的思維裡也出現過。如海氏於〈藝術作品的本源〉一文中，便論及作為真理化身的藝術作品，總有一股能讓人脫離平時的狹隘心境、並促使人回歸真理世界的衝擊力量；而這股力道與經典語文的風化力量其實是一樣的。　詳見德國・馬丁・海德格著，孫周興譯：〈藝術作品的本源〉，《林中路》, Holzwege，臺北：時報文化出版企業有限公司，1994年，頁45~46。

些零碎的道理而已。對此理念，朱熹於〈詩集傳序〉裡有所發揮。
〈詩集傳序〉云：

> 曰：「然則〈國風〉、〈雅〉、〈頌〉之體，其不同若
> 是，何也？」曰：「吾聞之，凡《詩》之所謂〈風〉者，
> 多出於里巷歌謠之作，所謂男女相與詠歌，各言其情者
> 也。惟〈周南〉、〈召南〉親被文王之化以成德，而人皆
> 有以得其性情之正，故其發於言者樂而不過於淫，哀而不
> 及於傷。是以二篇獨為〈風〉詩之正經。自〈邶〉而下，
> 則其國之治亂不同，人之賢否亦異，其所感而發者有邪正
> 是非之不齊，而所謂先王之風者，於此焉變矣。若夫
> 〈雅〉、〈頌〉之篇，則皆成周之世，朝廷郊廟樂歌之
> 詞，其語和而莊，其義寬而密，其作者往往聖人之徒，固
> 所以為萬世法程而不可易者也。至於〈雅〉之變者，亦皆
> 一時賢人君子閔時病俗之所為，而聖人取之，其忠厚惻怛
> 之心，陳善閉邪之意，猶非後世能言之士所能及之。此
> 《詩》之為經，所以人事浹於下，天道備於上而無一理之
> 不具也。」[27]

在這段不算短的文字裡，朱熹詳盡陳說了他對〈風〉、〈雅〉、
〈頌〉各自特徵的觀點。然讓我們感興趣的，則是文中所體現出的
這個想法：〈風〉、〈雅〉、〈頌〉諸詩篇或出自至純樸的市井男
女情思（由相悅至相怨，由合禮至悖理等各式情思皆包括在內）、

---

[27]《朱熹集（七）》，卷76，頁3966。

或出自朝中君臣關懷人群政事的熱情（由贊揚世代的光明至悲閔時局的衰頹等情感均有之）、乃至世人面對先祖與神明時的虔敬思緒，這種種感觸，可謂遍及了生存於世的人們所可能生發的所有情感；而重要的是，藉由化身爲詩歌的方式，天地間無盡的人生道理，不正藉由這人世間全幅真切情感的逐次興發，而一一顯明於世嗎？是以作爲經典的《詩》三百，可說便是得以呈顯世上的所有道理的語文（該序文中「此《詩》之爲經，所以人事浹於下，天道備於上而無一理之不具也」數句，所表述的正是這層深意）。[28]

　　這經籍語文得以體現整全天道的想法，當然不會是朱熹的獨創思維，因《周易・繫辭上》中「《易》與天地準，故能彌綸天地之道」[29]一語，早便表露出相同的理念。[30]引人注意的是，朱熹在詮

---

[28]這裡有個困難，那就是：《詩經》裡〈頌〉與正〈風〉、正〈雅〉涵有至理是可以肯定的，但在朱熹的思維裡未必合於正道的變〈風〉、變〈雅〉，又該如何與至理聯繫上呢？朱熹於〈詩集傳序〉中論述《詩經》編纂過程的某段話，或可提供吾人解答。他說：「……（孔子）於是特舉其籍（即古代流傳的諸多詩篇）而討論之，去其重複，正其紛亂，而其善之不足以爲法、惡之不足以爲戒者，則亦刊而去之，以從簡約，示久遠，使夫學者即是而有以考其得失，善者師之而惡者改焉。」（《朱熹集（七）》，卷76，頁3965~3966）可見孔子收錄在內容上悖離大道的詩篇，乃因這些詩篇總能促使人們警惕反省，進而亦可提升吾人的生命境界。這麼說來，像變〈風〉、變〈雅〉中不合大道的詩歌，實亦因能夠興發人們去惡向善之心，而總與至道緊密聯繫，是以這類詩歌在朱熹眼裡也算是有至道可說的。

[29]《周易正義》，卷7，頁9上。

[30]類似觀點也存在於司馬遷（145?或135?~87?B.C.）的想法中。如其於〈太史公自序〉裡曾說：「夫《春秋》，上明三王之道，下辨人事之紀，別嫌疑，明是非，定猶豫，善善惡惡，賢賢賤不肖，存亡國，繼絕世，補

說〈繫辭上〉裡該語句的意涵時，還曾藉由「彌」、「綸」二字的字義，闡發了經典與天地至道的相融關係，而經典語文能呈顯所有事理的特色，也因此得到更完備的申論。朱熹云：

> 《易》道本與天地齊準，所以能彌綸之。凡天地間之物，無非《易》之道，故《易》能「彌綸天地之道」，而聖人用之也。「彌」如封彌之「彌」，糊合便無縫罅；「綸」如綸絲之「綸」，自有條理。言雖是彌得外面無縫罅，而中則事事物物各有條理。彌，如「大德敦化」；綸，如「小德川流」。彌而非綸，則空疏無物；綸而非彌，則判然不相干。此二字，見得聖人下字甚密也。[31]

由此可見在朱熹眼裡，以卦爻等符碼爲主體的《易經》大致有二特色，那就是：首先正如「彌」字所透顯的，《易經》得以「封彌」世間萬理而無絲毫遺漏；此外又如「綸」字所顯露出的，該部經典所包藏的種種道理皆「各有條理」可說。這種既囊括世間所有事理、其中道理又各具頭緒、且相互繫聯成一有機體的情況，大抵便是經典語文皆當擁有的兩種特色。朱熹曾以「聖人說話，無不子

敝起廢，王道之大者也……《春秋》文成數萬，其指數千。萬物之散聚皆在《春秋》。」（漢・司馬遷：《史記（十）》，北京：中華書局，1982年，卷130，頁3297）這便是說，《春秋》這部經典是藉由過往史事的精密記述，以呈顯世上繁複事件背後的所有真實道理，是以整全的天道自然蘊藏於該部經典之中。而這想法亦可謂是朱熹言論的先聲！

[31] 《朱子語類（五）》，卷74，頁1890。

細，磨稜合縫，盛水不漏」[32]數語，歎賞《論語》行文的高妙，又以「首尾照應，血脈通貫，語意反覆，明白峻潔，無一字閑」[33]數語，稱讚《孟子》全書結構之綿密，這二段評語正明白表述出在朱熹的想法裡，經典語文確實多具備「彌得外面無縫罅，而中則事事物物各有條理」這兩大特色；而這兩大特色，即證實經典語文的確能巨細靡遺地揭明世上一切道理（甚至吾人可更形象化地說，這能巨細靡遺呈顯事理樣貌的經籍實可視作是整全的宇宙本身）。又儒家典籍也因而成為得以包涵世間萬理的無盡寶庫了。

　　行筆至此，關於朱熹所執持的經典思維，吾人大致可完成如是的勾勒：在朱熹看來，經典語文既出於聖賢體道之心，且又藉由聖賢之手自然形之於世，是以它基本上便是天地至道的文跡化、肉身化，而實亦可視為就是臨現於世的大道自身；又這種身為大道化身的神聖語文，也擁有一股足以撼動所有接觸者、且使之自發去過合理生活的神妙力量。這種種特質，可說正形構出朱熹心中經典語文具有的特殊模樣。必得留意的是，也正因經籍語文具有上述這些特質，所以它非但沒有落入一般載具性語文使用後即可丟棄的命運，且還能如一般亦透顯著天地至理、且能發揮動人力量的自然事物般，總成為欲探曉至道的人們窮理的永恆對象。再加上經典語文蘊涵一切道理、以及通常較世間事物更能明白體現至道這兩點所起的作用（朱熹所言「道體用雖極精微，聖賢之言則甚明白」一語，多少就含有這個意思），那麼，朱熹所以將格致工夫聚焦於經典語文上，便也是極其自然、理所當然的事了。

---

[32]《朱子語類（三）》，卷43，頁1106。
[33]《朱子語類（二）》，卷19，頁436。

末了，讓我們來看看《語類》中這段耐人尋味的話語：

> 今之學者自是不知為學之要。只要窮得這道理，便是天
> 理。雖聖人不作，這天理自在天地間。「天高地下，萬物
> 散殊；流而不息，合同而化」，天地間只是這箇道理流行
> 周遍。不應說道聖人不言，這道理便不在。這道理自是長
> 在天地間，只借聖人來說一遍過。且如《易》，只是一箇
> 陰陽之理而已。伏羲始畫，只是畫此理；文王、孔子皆是
> 發明此理。吉凶悔吝，亦是從此推出。及孔子言之，則
> 曰：「君子居其室，出其言善，則千里之外應之；出其言
> 不善，則千里之外違之。言行，君子之樞機；樞機之發，
> 榮辱之主也。言行，君子之所以動天地也，可不謹乎！」
> 聖人只要人如此。且如《書》載堯、舜、禹許多事業，與
> 夫都俞吁咈之言，無非是至理。[34]

這段話語旨在要人善於窮究天地至理，而未必要全然倚賴聖人之
言，亦即傳世的儒家典籍；然弔詭的是，隨著經典語文特色的層層
揭示，這藉由聖賢體道之心所自然形成、且涵藏足以撼動天地力量
的經籍的獨特魅力，顯然也被朱熹公之於世了。那面對這連「都俞
吁咈」等歎詞皆透顯著至理的神聖語言，相信許多以明道為職志的

---

[34] 《朱子語類（一）》，卷9，頁156。

士人，都會不由己地投入詮說典籍意蘊的經學事業中；而對經典語文有深切瞭解的朱熹當然也在其中。[35]

第三節　以「涵泳玩味」爲旨趣的經學事業

誠如前節所云，成於聖賢之手的典籍實爲大道的文跡化，且亦

---

[35] 朱熹在為弟子解釋《周易‧繫辭上》中「（聖人）範圍天地之化而不過，曲成萬物而不遺」（《周易正義》，卷7，頁10上～下）二語的意涵時，曾說：「天地之化，滔滔無窮，如一爐金汁，鎔化不息。聖人則為之鑄瀉成器，使人模範匡郭，不使過於中道也。『曲成萬物而不遺』，此又是就事物之分量形質，隨其大小闊狹、長短方圓，無不各成就此物之理，無有遺闕。『範圍天地』是極其大而言，『曲成萬物』是極其小而言。『範圍』，如『大德敦化』；『曲成』，如『小德川流』。」（《朱子語類（五）》，卷74，頁1894）這便指出聖人的所作所為，特別是其所立定的各式典章制度，在廣度上既能包涵流動不止的大化道理，在細節上又能顧及世上種種繁瑣事理，是以這類文章當然能作為人們行道的典範；而聖人精心述作的經籍，亦自然有這涵藏無盡大道、且足為吾人修身指引的神效，故歷代士人所以如是看重經典，便是不難理解的事了。另外有關經典語文特性的探討，蔣年豐曾以《詩經》、《周易》為主軸，且配合上古神話與文字考古資料等佐證，作了極為精采的申論，其觀點可與本節相互應證。詳見蔣年豐：〈從「興」的精神現象論《春秋》經傳的解釋學基礎〉，楊儒賓、黃俊傑編：《中國古代思維方式探索》，臺北：正中書局，1996年，頁86~92。

可視爲是臨現於世的大道自身；又隨著這道成肉身的語文映入讀者
眼簾之際，一股足以撼動人心、且將使人回歸正道的力量也形成
了。而說到以理解、詮釋典籍爲職志所在的經學事業，其用意當然
在促使經典風化人心的神妙過程得以順遂推展。

稍加思索經學事業的內容，我們將發現該事業大體由兩個部分
組成，那就是：釋經者自身理解、感悟經籍道理的歷程，以及已有
深切感悟的詮釋者，藉由自身的詮解以促使其他讀者進入經典世界
裡的過程。然而不管是哪個部分，對任何真實投入經學事業的士人
來說，想使經籍本具的風化力量發揮出來——不論風化自身、抑或
風化他人——其實是不容易的。何以如此？身爲經學大師的朱熹所
發出的感歎，或可透露些許答案。

朱熹於〈答應仁仲〉一書信中曾云：

> 《大學》、《中庸》屢改，終未能到得無可改處。《大學》
> 近方稍似少病。道理最是講論時說得透，纔涉紙墨，便覺不
> 能及其一二。縱說得出，亦無精采。以此見聖賢心事今只於
> 紙上看，如何見得到底？每一念此，未嘗不撫卷慨然也。[36]

在詮釋經籍的辛勤經歷中，朱熹感到雖在「講論」的對話過程裡，
經籍之理常能得到淋漓的闡發，然當吾人將感悟之理形諸筆端、化
爲注解文字時，那股真理明白展現的動人力量通常也隨之轉淡了。
這書寫文字總沒法像口語講論般有力呈顯至道的境況，便是經學事
業難以順利推展的主要緣由。而這困難，除發生在其他讀者閱讀注

---

36 《朱熹集（五）》，卷54，頁2703。

解的過程裡外，相信詮釋者自身在面臨以書面文字呈現出的經典語文時，也將陷入同樣的困難中。

　　說的更清楚些，以理解、詮釋經籍為內容的經學事業，其實是種以經典語文為窮究對象的特殊格致工夫。然若和其它格物工夫相較，在格致推展的進程裡，一般的自然物，不論它是心性情等內在資質、抑或己身外的一草一木，總能依憑其活生生的特徵啟發人們的各式官能，進而促使窮理者易有所感悟以至提升生命境地；至於已化為冰冷文字的經典語文，則非但難以直接感發閱讀者的生命，且還很容易便被視為是載具性質的世俗語文，使得讀者通常只以增廣見聞、知識的態度來面對之，而未曾內向地引發生命的感動。這書面語文平板、僵硬的特徵，大抵即是經典語文無法如普通自然物、乃至口頭語言般，直接發揮動人力量的原因了。

　　這麼說來，想要保全、乃至發揚經典語文本具的風化力量，便得訴諸一種能超脫書面語文平板化的局限，且能展現一般自然物及口語言論的生動活力的讀經、釋經進路了。而以「涵泳」、「玩味」為原則的讀經、釋經方式，便是朱熹精心營構出的一條得以突破上述困境的治經進路。

　　所謂以「涵泳」、「玩味」為旨趣所在的經學事業究竟具有何種特色？而它又何以能突破書面語文的限制，進而發揮格致工夫本有的神用，亦即能使人回歸與道同一的人生至境？在下面的文字裡，我們將揭明一切。

　　先由「涵泳」談起。《語類》裡有這樣一段關涉讀書過程的實事記錄：

> 文蔚一日說《太極》、《通書》，不說格物、致知工夫，先
> 生甚訝之。後數日，文蔚拈起中間三語。先生曰：「趯翻卻
> 船，通身下水裡去！」文蔚始有所悟。[37]

於弟子陳文蔚（1154~1239）讀書的過程中，朱熹覺察到文蔚未將
書中道理融入生命裡，而只是以擎弄典故般的態度把文字擺在嘴
邊。朱熹因而以「趯翻卻船，通身下水裡去」這譬喻警惕之，便是
要文蔚撤開主客對待的認知態度，直接投身於蘊涵至理的文字裡去
領會一切；這種消弭主客對待的架子、且欲促成讀者生命與書籍道
理相融爲一的讀書態度（一如人跳開船而躍入水中般），即是「涵
泳」這治經原則的主要特色。[38]

此外，朱熹還藉由「浹洽」一詞，進一步申明「涵泳」這治經
原則所當趨近的目標。朱熹云：

> 「浹洽」二字，宜子細看。凡於聖賢言語思量透徹，乃有所

---

[37] 《朱子語類（七）》，卷114，頁2756。

[38] 《語類》中有段有趣的記載——或問：「『樊遲問仁』一段，聖人以是
告之（即「居處恭，執事敬，與人忠」云云），不知樊遲果能盡此否？」
曰：「此段須反求諸己，方有工夫。若去樊遲身上討，則與我不相干矣。
必當思之曰，居處恭乎？執事敬乎？與人忠乎？不必求諸樊遲能盡此與否
也。又須思『居處恭』時如何，不恭時如何；『執事敬』時如何，不敬時
如何；『與人忠』時如何，不忠時如何，方知須用恭敬與忠也……。」
（《朱子語類（三）》，卷43，頁1107）於此，朱熹拒絕回答樊遲能否符
合孔子之教誨一類客觀知識的問題，而反要弟子自省己身是否合乎聖人的
要求。這種反求諸己、而非認知客觀知識的態度，即朱熹一貫堅持的涵泳
讀經原則。

得。譬之浸物於水：水若未入，只是外面稍濕，裡面依前乾燥。必浸之久，則透內皆溼。程子言「時復思繹，浹洽於中，則說」，極有深意。[39]

「浹洽」一詞，原出自程頤詮釋《論語》首句「學而時習之，不亦說乎」時所說的語句（即「時復思繹，浹洽於中，則說」云云），[40]朱熹乃藉由該語彙意涵的解說，闡發了在閱讀經籍一類「聖賢言語」時，吾人得整個浸入經典語境裡以期內在生命產生質變這個道理。換句話說，「涵泳」這治經進路，是得到吾人生命本質有所變化、且趨於與道相融之際——一如久浸水中全然濕透般，吾人得完全爲典籍至理所化而漸與大道融爲一體——斯爲得之。朱熹曾謂：

> 爲學之道，聖賢教人，說得甚分曉。大抵學者讀書，務要窮究。「道問學」是大事。要識得道理去做人。大凡看書，要看了又看，逐段、逐句、逐字領會，仍參諸解、傳，說教通透，使道理與自家心相肯，方得。讀書要自家道理浹洽透徹。杜元凱云「優之柔之，使自求之，厭而飫之，使自趨之。若江海之浸，膏澤之潤，渙然冰釋，怡然理順，然後爲得也。」[41]

---

[39] 《朱子語類（二）》，卷20，頁448。

[40] 參見宋・朱熹：《四書章句集注・論語集注》，臺北：長安出版社，1990年，卷1，頁47。

[41] 《朱子語類（一）》，卷10，頁162。

這同樣是說吾人在讀經時，宜經由對字、句以及段落道理的習熟與全盤領會，再藉由前賢注疏的適切資助，以促使吾人順利融入經典語境中，乃至上達「使道理與自家心相肯」這書中至理已完全為自家心所肯認的境地；而這總欲邁向與道相融境界的渴望，也是「涵泳」這治經原則的一個重要特色。

如果說「涵泳」這讀經、釋經原則，是由吾人投身於經典語境裡以期生命為書本至理所化的角度，來闡明經學事業推展時當把握的大致方向，那「玩味」這原則，可說則由典籍與人往來互動的複雜視角，細緻陳說了在理解每個字、句與段落時，詮釋者所該執持的要領。有趣的是，就如同「玩味」一詞所透露的，這是種類同於品味食物之感官經歷的釋經原則。《語類》卷八題名為「總論為學之方」，顧名思義，該卷自然收錄著大批朱熹論學的話頭，而其中正有這幾則關於「玩味」的紀錄：

> 須是玩味。

> 咬得破時，正好咀味。

> 若只是握得一箇鶻崙底果子，不知裡面是酸，是鹹，是苦，是澀。須是與他嚼破，便見滋味。[42]

正如面對食物得真的咬破方能品嘗味道般，朱熹以為讀書（此「書」當特指如經典一類涵蘊至理的書籍）也須拋開主客對待的認

---

[42] 《朱子語類（一）》，卷8，頁145。

知態度，並得有想打從心底去體會書中道理的欲求才算夠格。這欲真心體悟書中至理、而非只是多添知識以妝點門面的態度，蓋即「品味」這治經原則的頭一層意義。

那「玩味」這治經原則最重要的特色是什麼呢？下面這段問答，當可提供吾人思考的指引。《語類》載道：

> 子善問「知者樂水，仁者樂山」。曰：「看聖人言，須知其味。如今只看定『樂山樂水』字，將仁知來比類，湊合聖言而不知味也。譬如喫饅頭，只喫些皮，元不曾喫餡，謂之知饅頭之味，可乎？今且以知者樂水言之，須要仔細看這水到限深處時如何，到峻處時如何，到淺處時如何，到曲折處時如何。地有不同，而水隨之以為態度，必至於達而後已，此可見知者處事處。『仁者樂山』，亦以此推之。」[43]

在回答趙善待（子善）（1128~1188）對經籍語句（即《論語》「知者樂水，仁者樂山」云云）的疑問時，朱熹並未直接告知解答，反是示範了「玩味」這治經途徑，以誘導善待自行領會。而在朱子的示範中實傳遞出這般的想法：所謂理解經典意涵，絕非泛泛地知道些語句的表象架構便算了事，而是得如品嘗食物般有切己的感觸，才會真有所得；是以在閱讀經典語句的過程裡，吾人便得細細體會語文中每個遣詞、構句、譬喻或意象本具的生動特徵，以啓動吾人的感官反應、乃至促使真切的領悟得以順利完成（如在朱熹的示範中，他便特別留心於「水」這意象的性質所在，以真切體悟

43《朱子語類（三）》，卷32，頁822。

所謂智者的處世風範究竟爲何）。而這藉吾人官能的啓動，以促使
切身的領悟得以形成的歷程，大體就是「玩味」這治經原理的主要
特色。[44]

　　有意思的是，朱熹又曾藉由吃果子的比喻，述說了「玩味」這
治經原則的特色所在。朱熹云：

> 大凡讀書，須是熟讀。熟讀了，自精熟；精熟後，理自見
> 得。如喫果子一般，劈頭方咬開，未見滋味，便喫了。須是
> 細嚼教爛，則滋味自出，方始識得這箇是甜是苦是甘是辛，
> 始為知味。[45]

如同必須經由「細嚼教爛」的過程，吾人才有可能嘗出果子的層層
風味一樣，朱熹主張唯通過「熟讀」、「精熟」這細心感悟、體會
語文旨意的歷程，典籍裡的精微意蘊，才會明白且充分地爲吾人所
理解。這麼說來，「玩味」這治經原則果真旨在引導讀者發揮本具
的感官能力，進而在敏銳品味經典字句之餘，促使讀者逐漸領會其
中精義。

　　更深入地說，讀書能達「知味」之境，則吾人至此大抵便已完
全爲書中至理所吸引。朱熹曾云：「學者只知觀書，都不知有四

---

[44] 另外朱熹還曾道出「須是一棒一條痕！一摑一掌血！看人文字，要當如
此，豈可忽略」（《朱子語類（一）》，卷10，頁164）這般的警語，這
同樣說明著在面對透顯至道的語文時，朱熹主張吾人必得讀至興起切身感
悟之際──正如被棒打掌摑後，直截起瘀痕血跡等生理反應般──才能停
息。

[45] 《朱子語類（一）》，卷10，頁167。

邊，方始有味。」[46]這「都不知有四邊」的渾然狀態，即是對已全然融入書本語境裡去的「知味」境界的生動描繪。[47]然若反過來講，對經典大道有此深切品味的讀者，自然同時亦能把道理融於自己的生命中，從而總將促成自身生命境界的昇華。而下引《語類》中的記載，對此理念便有所表述：

> 問林恭甫：「看《論語》至何處？」曰：「至〈述而〉。」
> 曰：「莫要恁地快，這箇使急不得。須是緩緩理會，須是逐
> 一章去搜索。候這一章透徹後，卻理會第二章，久後通貫，
> 卻事事會看。如喫飯樣，喫了一口，又喫一口，喫得滋味
> 後，方解生精血。若只恁地吞下去，則不濟事。」[48]

這段對話的重心，雖放在熟讀經典至透徹之境方有益於己這觀點上，然朱熹話中「喫得滋味後，方解生精血」一語，正透顯出這樣的理念：如同飯食經消化後將轉變成身體的氣血一般，當理解經典

---

[46]《朱子語類（一）》，卷10，頁163。

[47]《語類》中錄有一段有意思的記載——問賀孫：「讀《大學》如何？」曰：「稍通，方要讀《論語》。」曰：「且未要讀《論語》。《大學》方通，正好著心精讀。前日讀時，見得前未見得後面，見得後未接得前面。今識得大綱統體，正好熟看。如喫果實相似，初只恁地硬咬嚼，得滋味，如何便住卻！讀此書功深，則用博……。」（《朱子語類（一）》，卷14，頁254）在勸說弟子應精讀典籍之際，朱熹自然道出當讀書至知味的境地時，人總會不由己地深陷於經典語境裡去的狀態；且一如當嘗出果子的好滋味時，便完全為該滋味所吸引而停頓不下來般，此狀態也正是在完全被書中至理所吸引時才會發生。

[48]《朱子語類（二）》，卷19，頁433。

語文至知味境地時，吾人便已將書中至理轉化爲吾人的生命動力了；那麼，吾人將生發力量去實踐各式合乎道理的行止，也當是極其自然的事了。而這書中至理能與自家生命融合、且生成道德踐履動力的情況，可說便是「玩味」這治經要領的另個不容忽視的特點。

　　整體來講，縱然「涵泳」與「玩味」這兩項治經原則有各自側重的論點，但其本質其實是一樣的。因爲二者均強調藉由充分感知經典字句之意味、與極力融入經籍語境裡去的歷程，將促使吾人對書中至道產生真切感悟，並在爲典籍至理所化的狀況下提升自家生命，且漸趨於與道合一的人生至境。而重要的是，「涵泳玩味」這治經原則既由細品語文意蘊的方式領悟到經籍至理，且最終又總指向生命的轉化與昇華，那麼它當然能夠打破書面語文的僵固限制，且亦能如其它格致工夫般發揮促使人趨近人生至理的神用。[49]如是

---

[49]值得注意的是，「涵泳玩味」這治經原則與德國哲學詮釋學學者漢斯－格奧爾格・迦達默爾（Hans-Georg Gadamer, 1900~1998）所提出的「遊戲」（Spiel）概念基本上是相通的。迦達默爾以爲，當吾人在品味蘊藏真理的藝術品時，常會陷入一喪失原本主體性、且逐漸融於真理之領悟裡，以致重新形塑自我生命的過程中（一如游戲者在參與遊戲的過程裡，總在忘我之際達到愉悅的狀態般），而這種過程，不正與朱熹所主張的由品味語文至體悟道理、乃至轉化生命的治經進路是一致的嗎？由此看來，是類過程大抵應是許多以領悟人生道理爲標的的思想，所共同認可的明道進路。有關「遊戲」概念的詳細說法，請參看德國・漢斯－格奧爾格・迦達默爾著，洪漢鼎譯：《詮釋學Ⅰ：真理與方法——哲學詮釋學的基本特徵》，*Hermeneutik Ⅰ:Wahrheit und Methode — Grundzuege einer philosophischen Hermeneutik*，臺北：時報文化出版企業有限公司，1993年，頁149~161。此外高宣揚先生曾對此概念作過精要的論述，詳見氏

說來，朱熹所以將「涵泳玩味」當成治經事業推展時所該執持的原則，便也是可以想見的事了。

在大致掌握了「涵泳玩味」這治經原則的特色後，底下我們便可分別來看看，當此原則落於讀經與釋經的實際過程中將會產生怎樣的狀況。先談詮釋者自身讀經的歷程。

首先，一如格致工夫有「持敬」這先行工夫，朱熹以為在讀經時吾人亦須先進入一「專靜純一」的「虛心」狀態。對此，朱熹曾云：

> 讀書須將心貼在書冊上，逐句逐字，各有著落，方始好商量。大凡學者須是收拾此心，令專靜純一，日用動靜間都無馳走散亂，方始看得文字精審。如此，方是有本領。[50]

這即是說，在人事紛紜的日常生活裡，吾心總常處於一種「馳走散亂」的荒亂狀態中；是以在理解經籍一類重要書籍時，吾人顯然得從繁忙的生活狀態中暫且抽身，以將此心先安定下來。朱熹曾說：「心不定，故見理不得。今且要讀書，須先定其心，使之如止水，如明鏡。暗鏡如何照物！」[51]此段話語也明白傳達出唯有安定己心、吾心方能在清明的狀態下感悟書中道理這朱熹執持的想法。凡此種種，皆足以說明在朱熹眼裡，維繫「專靜純一」的心境乃是讀

著：《解釋學簡論》，臺北：遠流出版事業股份有限公司，1988年，頁150~159。

[50]《朱子語類（一）》，卷11，頁177。

[51]同前註。

經前不可或缺的先行工夫。又朱熹還曾這麼說道：

> 讀書須是虛心，方得。他聖人說一字是一字，自家只平著心
> 去秤停他，都不使得一毫杜撰，只順他去……莊子云：「吾
> 與之虛而委蛇。」既虛了，又要隨他曲折恁地去……今人大
> 抵偪塞滿胸，有許多伎倆，如何便得他虛？亦大是難。[52]

由此可知「虛心」的另一層要義，是在讀書時得先抑制自我的主見
（尤其是面臨涵藏至道的聖人言語時），並盡可能在無成見干擾的
狀況下，順著原文語脈去理解道理。而這要點當然與安定己心一
樣，同是讀經前夕必得注意的事項。

心境既已安定，自我造作之意識也受到壓制，那麼吾人的感通
力亦將隨之敏銳起來。這時，大體便是「涵泳玩味」經典意蘊的適
切時刻了。而在以「涵泳玩味」為旨趣的讀經過程裡，朱熹以為該
行程進展的基本順序應是這樣的：

> 大抵觀書先須熟讀，使其言皆若出於吾之口；繼以精思，使
> 其意皆若出於吾之心，然後可以有得爾。然熟讀精思既曉得
> 後，又須疑不止於此，庶幾有進。若以為止如此矣，則終不
> 復有進也。[53]

所謂「熟讀」、「精思」至「使其言皆若出於吾之口」與「使其意

---

[52] 《朱子語類（七）》，卷104，頁2621~2622。
[53] 《朱子語類（一）》，卷10，頁168。

皆若出於吾之心」的狀況，即是要讀者藉由嫻熟的文字誦讀過程、以及精密的道理思索歷程，逐漸銷融於書籍語境裡，乃至全然領會書中至理。[54]朱熹曾說：「讀書著意玩味，方見得義理從文字中迸出。」[55]這「義理從文字中迸出」的生動描述，蓋即對此狀況的最佳注腳。此外，朱熹在「熟讀」、「精思」至有所領悟的境地上，仍保留了原文尚有更豐富意義的可能，這便爲往後更精進的體悟拓展出了一個廣闊的空間。[56]整個說來，這由「熟讀」、「精思」以期生發真切的感悟，且還得保留能重新詮釋的空間的種種作爲，便是朱熹所認可的讀經次第。

　　必得留心的是，在上述次第推展的進程裡，朱熹還注意到吾人得順著每部經籍各具的語文特徵，而以各式相應的閱讀方式來進行品味的活動。如在讀《詩經》時，朱子於〈詩集傳序〉末尾所標舉

---

[54]朱熹曾謂：「讀書之法：讀一遍了，又思量一遍；思量一遍，又讀一遍。讀誦者，所以助其思量，常教此心在上面流轉。若只是口裡讀，心裡不思量，看如何也記不子細。」（《朱子語類（一）》，卷10，頁170）可見在朱熹看來，「思」與「讀」二者在讀的過程裡是得交相配合的，因為誦讀能促使吾人將思維焦點集中在字句上，而反過來說，深思則能幫助吾人真正把字句烙印在心靈深處。又更重要的是，也唯藉由這「思」與「讀」密切搭配的過程，讀者與書中至理相融合一的境地才有達到的可能。

[55]《朱子語類（一）》，卷10，頁173。

[56]朱熹曾云：「讀書若有所見，未必便是，不可便執著。且放在一邊，益更讀書，以來新見。若執著一見，則此心便被此見遮蔽了。譬如一片潔淨田地，若上面纔安一物，便須有遮蔽了處。」（《朱子語類（一）》，卷11，頁184）這亦是說讀書所起的任何體悟，其實都未必是最終定見。所以學者所要做的，乃是增長自身學識以形成更圓熟的見解，而絕不可泥於一時之見。

的理解進路乃是：

> 於是乎章句以綱之，訓詁以紀之，諷詠以昌之，涵濡以體
> 之，察之情性隱微之間，審之言行樞機之始，則修身及家、
> 平均天下之道其亦不待他求而得之於此矣。[57]

面對以章句之型態呈顯，且以豐富的名物體現意境的言志韻語（即
詩歌耳），朱熹以為在章句意旨與名物訓詁的全面掌握下，並搭配
上饒富韻律的吟詠和同情共感的領會，將促使吾人自然融入詩境
中，而能體察詩人幽微難見的情性、以及情性生發為具體言行的微
妙行程。如是一來，吾人便可藉由品味詩歌的歷程，以對種種人生
道理產生真切的感動與領會了，是以像「修身及家、平均天下之
道」一類世間至理，當然也將毫不費力地融入吾人的生命中。而這
種既配合詩歌語言的特殊形式，且又精確地抓到詩歌言情明志本質
的讀經方式，即是朱熹依循詩歌本色所設定出的一條特別的「涵泳
玩味」進路。[58]

---

[57] 《朱熹集（七）》，卷76，頁3966~3967。

[58] 朱熹曾說：「聖人有法度之言，如《春秋》、《書》、《禮》是也，一
字皆有理。如《詩》亦要逐字將理去讀，便都礙了。」（《朱子語類
（六）》，卷80，頁2082）又說：「公不會看《詩》。須是看他詩人意思
好處是如何，不好處是如何。看他風土，看他風俗，又看他人情、物態。
只看〈伐檀詩〉，便見得他一箇清高的意思；看〈碩鼠詩〉，便見他一箇
暴斂的意思。好底意思是如此，不好底是如彼。好底意思，令自家善意油
然感動而興起。看他不好底，自家心下如著槍相似。如此看，方得《詩》
意。」（出處同前）這同樣是說在讀《詩經》時，吾人得配合詩歌之特
色——詩為「情」語而非「理」語，且富有風土、風俗、人情、物態等特

當面臨以卦爻等符碼呈現出的《易經》時，朱熹「涵泳玩味」
的方式也是挺獨特的。如於〈答呂伯恭〉一信中，朱熹曾這麼說
道：

> 讀《易》之法，竊疑卦爻之詞本為卜筮者斷吉凶，而因以訓
> 戒。至〈彖〉、〈象〉、〈文言〉之作，始因其吉凶訓戒之
> 意而推說其義理以明之。後人但見孔子所說義理，而不復推
> 本文王、周公之本意，因鄙卜筮為不足言；而其所以言
> 《易》者，遂遠於日用之實，類皆牽合委曲，偏主一事而
> 言，無復包含該貫、曲暢旁通之妙。若但如此，則聖人當時
> 自可別作一書，明其義理，以詔後世，何用假託卦象，為此
> 艱深隱晦之辭乎？故今欲凡讀一卦一爻，便如占筮所得，虛
> 心以求其詞義之所指，以為吉凶可否之決，然後考其象之所
> 以然者，求其理之所以然者，然後推之於事，使上自王公，
> 下至民庶，所以修身治國皆可有用。私竊以為如此求之，似
> 得三聖之遺意。[59]

原本自《易傳》問世後，人們在理解《易經》時便逐漸將重心擺在
義理的討論與抒發上，而疏遠了《周易》本初用於卜筮的性質。然
在朱熹眼裡，《易經》既為藉卦爻與卦爻辭等占筮符號來體現至理
的經籍，那也只有在依此語文特性去窮究道理的狀況下，吾人才能

質——以體會詩人之意、乃至興發吾人崇善戒惡之心。而這些精闢的話
語，皆足以反映朱熹確實對如何讀《詩》這課題下過一番深思的工夫。
[59] 《朱熹集（三）》，卷33，頁1458~1459。

把《易經》本具的妙用充分發揮出來。是以朱熹非但沒由盲從行之
久遠的以義理說《易》的詮說進路，且還指引出某種頗富古意的理
解方式，亦即：在閱讀卦爻的過程中，吾人得如真有事求問而占得
某卦爻時般，在虛心虔敬的心理狀態下，考量卦爻辭之指示、體會
《易》象的深層意旨，再轉回自身現處的境況，以決定該如何行事
方爲恰當。而能夠如此，朱熹相信《周易》那對任何人、任何境況
都能有所引導的功效，便可順當地施展出來。又類似的想法在〈書
伊川先生易傳板本後〉一文中亦有所表述。該文云：

> 後之君子誠能日取其一卦若一爻者熟復而深玩之，如己有
> 疑，將決於筮而得之者，虛心端意，推之於事而反之於身，
> 以求其所以處此之實，則於吉凶消長之理、進退存亡之道將
> 無所求而不得；邇之事父，遠之事君，亦無處而不當矣。60

同樣地，朱熹於此亦強調在讀《易》時，應善於把捉那如同實際占
卜時的鮮活感覺，以求真切領會卦爻所透顯的至理，乃至能適切地
掌握現實人生的各種具體境遇。這麼一來，天地間隱微難曉的道理
當然便可爲吾人所感知，而在紛紜的人世間，吾人的具體言行自然
也能上達無所不當的至境了。

　　另外在閱讀《論語》、《孟子》時，朱熹特別藉由二者語文樣
貌的比較，申述了所以要有不同的閱讀方式的道理。朱熹云：

> 看《孟子》，與《論語》不同，《論語》要冷看，《孟子》

60《朱熹集（七）》，卷81，頁4190。

要熟讀。《論語》逐文逐意各是一義，故用子細靜觀。《孟子》成大段，首尾通貫，熟讀文義自見，不可逐一句一字上理會也。[61]

可見為因應《論語》格言式的語言型態，以及《孟子》大段議論、結構完整的行文風貌，朱熹乃分別標舉出「冷看」、「熟讀」這或偏於靜觀細品、或傾向通透體悟的理解進路，以期恰當理會書中道理。而在〈讀書之要〉這篇雜文裡，朱熹曾進一步對閱讀二書的方式提出這樣的說明：

> 《論語》一章不過數句，易於成誦。成誦之後，反復玩味於燕間靜一之中，以須其浹洽可也。《孟子》每章或千百言，反復論辨，雖若不可涯者，然其條理疏通，語意明潔，徐讀而以意隨之，出入往來以十百數，則其不可涯者將可有以得之於指掌之間矣。[62]

這段文字乃是由《論語》篇章精短與《孟子》體制宏寬的角度，闡明當分別經由「誦記全文，細細反芻」、以及「隨文理解、重複熟悉」的方式，以促使「涵泳玩味」的讀經進程得以順遂推展。而由這細緻的比較當可使吾人瞭解，「涵泳玩味」這釋經原則在朱熹眼裡的確是得靈活運用的。

　　能依循典籍語文的各自特色來閱讀經典，當然將使吾人更易有

---

[61] 《朱子語類（二）》，卷19，頁432。
[62] 《朱熹集（七）》，卷74，頁3889。

所領會。然對朱熹來說，正如格致工夫得有體系地進行以囊括世上所有道理般，吾人的讀經事業也不可停留在對某些字句的零星體悟上，而必須往成系統的全面理解邁進。朱熹曾說：「學問不只於一事一路上理會。」[63]又說：「大凡學者，無有徑截一路可以教他了得；須是博洽，歷涉多，方通。」[64]這便顯示出在為學的態度上，朱熹所求的，是個廣闊且無所不通的境地。又在讀書方面，朱熹曾說過這樣的話語：

> 學者須是多讀書，使互相發明，事事窮到極致處。所謂「本諸身，徵諸庶民，考諸三王而不繆，建諸天地而不悖，質諸鬼神而無疑，百世以俟聖人而不惑」。直到這箇田地，方是。《語》云：「執德不弘。」《易》云：「寬以居之。」聖人多說箇廣大寬洪之意，學者要須體之。[65]

此段豪語可謂更清楚地傳達了朱熹抱持的讀書信念：吾人必得大著心胸去廣讀書籍，且在貫通眾書的境況下窮究事物之理，以致形成「本諸身，徵諸庶民，考諸三王而不繆，建諸天地而不悖，質諸鬼神而無疑，百世以俟聖人而不惑」這與天地同大的世界觀。而也唯有如此，吾人的讀經工作方能趨於完成境地吧！

那這成體系的讀經方式要如何進行呢？《語類》所錄的這段話語對此有所交代。《語類》云：

---

63 《朱子語類（一）》，卷8，頁143。
64 《朱子語類（一）》，卷8，頁144。
65 《朱子語類（一）》，卷11，頁184。

　　不是安排此一件為先，此一件為後，此一件為大，此一件為
　　小。隨人所為，先其易者，闕其難者，將來難者亦自可理
　　會。且如讀書：《三禮》、《春秋》有制度之難明，本末之
　　難見，且放下未要理會，亦得。如《書》、《詩》，直是不
　　可不先理會。又如《詩》之名數；《書》之〈盤〉、
　　〈誥〉，恐難理會。且先讀〈典〉、〈謨〉之書，〈雅〉、
　　〈頌〉之詩，何嘗一言一句不說道理，何嘗深潛諦玩，無有
　　滋味，只是人不曾子細看。若子細看，裡面有多少倫序，須
　　是子細參研方得。此便是格物窮理。[66]

這便指出在面臨眾多經籍與同部經典中的個別部分時，朱熹以為吾
人當由切己而易有感悟的地方著手：比如在諸典籍中道理尚稱明白
的《詩經》和《尚書》，以及《尚書》裡的〈堯典〉、〈舜典〉、
〈大禹謨〉與〈皋陶謨〉等較易瞭解的篇章，便是讀經下手的好選
擇。至於較疏遠者，朱熹以為姑且留待個人識度趨於成熟之際再行
理會，而不必急於一時去理解。故如《尚書》中難解的〈盤庚〉與
諸篇誥詞，乃至《三禮》、《春秋》等需配合相關知識的文字，朱
熹便不鼓勵初學者多所用心。

　　又在一般的情況下，朱熹主張當閱讀某部經典時，當順著經籍
原有的篇章次序熟讀。如其曾云：

　　讀書是格物一事。今且須逐段子細玩味，反來覆去，或一
　　日，或兩日，只看一段，則這一段便是我底。腳踏這一段

---

[66]《朱子語類（一）》，卷8，頁140~141。

了，又看第二段。如此逐旋捱去，捱得許多，卻見頭頭道理
都到……故某說讀書不貴多，只貴熟爾。然用功亦須是勇做
進前去，莫思退讓，始得。[67]

由此可見在朱熹的想法裡，讀書大抵是依文本脈絡細細品味；而藉
由這層累堆疊的進程，朱熹相信在見識增長且漸能交相融匯的境況
下，吾人總會趨向「卻見頭頭道理都到」這道理已全然貫通的境
界。另外類似的話語，在〈讀書之要〉一文中亦有所闡述，如朱熹
於該文中曾對讀《論》、《孟》的問題發表過如是的意見：

> 以二書言之，則先《論》而後《孟》，通一書而後及一書。
> 以一書言之，則其篇章文句、首尾次第亦各有序而不可亂
> 也。量力所至，約其程課而謹守之。字求其訓，句索其旨，
> 未得乎前，則不敢求其後；未通乎此，則不敢志乎彼。如是
> 循序而漸進焉，則意定理明而無疏易凌躐之患矣。[68]

這乃進一步申明了不論在讀一本或多本經籍時，都須循序漸進理
會、以待貫通之境自然形成。而朱熹曾謂：「大凡看經書，看《論
語》，如無《孟子》；看上章，如無下章；看『學而時習之』未
得，不須看『有朋自遠方來』。且專精此一句，得之而後已。」[69]

---

[67] 同註45。
[68] 同註62。
[69] 同註61。

這一樣是在強調讀經時必當遵循依次領會而不雜亂這原則。[70]

　　但由另個角度來講，朱熹卻又指出在依次讀經前，也得對某段章節、某部經典乃至所有經籍有一定程度的掌握與理解，也就是得先把握內容的「綱領」或「綱要」。如是方能促使對個別部分的瞭解更加透徹，並有助形成一通貫全局的視野。比方在《中庸》第二十七章的閱讀上，朱子曾進行如是的析論：

> 「尊德性而道問學」一句是綱領。此五句（即「故君子尊德性而道問學，致廣大而盡精微，極高明而道中庸，溫故而知新，敦厚以崇禮」云云），上截皆是大綱工夫，下截皆是細密工夫。「尊德性」，故能「致廣大、極高明、溫故，敦厚」。「溫故」是溫習此，「敦厚」是篤實此。「道問學」，故能「盡精微，道中庸，知新，崇禮」。其下言「居

---

[70] 朱熹曾這麼說過：「某舊日讀書，方其讀《論語》時，不知有《孟子》；方讀〈學而〉第一，不知有〈為政〉第二。今日看此一段，明日且更看此一段，看來看去，直待無可看，方換一段看。如此看久，自然洞貫，方為浹洽。時下雖是鈍滯，便一件了得一件，將來卻有盡理會得時。若撩東劄西，徒然看多，事事不了；日暮途遠，將來荒忙不濟事。舊見李先生（李侗）說：『理會文字，須令一件融釋了後，方更理會一件。』『融釋』二字下得極好，此亦伊川所謂『今日格一件，明日又格一件，格得多後，自脫然有貫通處』。此亦是他真曾經歷來，便說得如此分明。今日若一件未能融釋，而又欲理會一件，則第二件又不了。推之萬事，事事不了，何益！」（《朱子語類（七）》，卷104，頁2612）可見朱熹經由親身的讀書經歷，確實相信藉由循序且仔細理會的讀書工夫，必能上達事事皆理會得的貫通境地，就如同「今日格一物，明日格一物」的格致工夫必將達致通曉事理之境一般。

> 上不驕，為下不倍。國有道，其言足以興；國無道，其默足
> 以容」。舉此數事，言大小精粗，一齊理會過，貫徹了後，
> 盛德之效自然如此。[71]

在這段關涉到君子修道方式的《中庸》文字裡，朱熹乃藉由「尊德
性」與「道問學」這兩條綱領的把握，有條不紊地詮說出該明道進
路的細目為何、以及將產生何種效果。如是一來，原本看來平板的
語文，頓時便呈顯出一易於理解的系統相。由此可見掌握綱領對理
解經文的重要性。此外，朱熹又曾以《中庸》為例而這麼說道：

> 讀書先須看大綱，又看幾多間架。如「天命之謂性，率性之
> 謂道，修道之謂教」，此是大綱。夫婦所知所能，與聖人不
> 知不能處，此類是間架。譬人看屋，先看他大綱，次看幾多
> 間，間內又有小間，然後方得貫通。[72]

這乃是說當吾人欲通曉一部經典時，亦得由把握該典籍的大小綱領
入手方能有成。至於在理會眾多經典的層面上，朱熹同樣主張必須
在一大綱要的指引下進行；而成為眾經籍的綱領的，乃是明確標示
出求道君子為學規模——即「明明德，親民，止於至善」這三要
領，以及「格物、致知、誠意、正心、修身、齊家、治國、平天
下」這八條目——的《大學》。

對於《大學》，朱熹如是申明了其於明道進路上的重要處：

---

71 《朱子語類（四）》，卷64，頁1590。
72 《朱子語類（四）》，卷62，頁1480。

「《大學》是修身治人底規模。如人起屋相似，須先打箇地盤。地盤既成，則可舉而行之也。」[73]朱熹又說：「《大學》一書，如行程相似。自某處到某處幾里，自某處到某處幾里。」[74]既有打下學者「修身治人」根基的作用，亦有指引儒者行道路途的效果，是以《大學》自然能成為朱熹博覽眾經時所擇取的讀經綱要。又朱熹還這麼說過：「人自有合讀底書，如《大學》、《語》、《孟》、《中庸》等書，豈可不讀！讀此《四書》，便知人之所以不可不學底道理，與其為學之次序，然後更看《詩》、《書》、《禮》、《樂》。」[75]這乃道出在對學者立身明道尤為切要的《四書》的通盤領會下，吾人方可旁涉它經以體悟經籍裡的無盡道理；而這由《大學》擴至《四書》、乃至遍及《五經》的歷程，便是朱熹貫通群經的基本路數。

　　上述諸多要則，包括閱讀前清明心境的維持，乃至成體系地觀覽群經等等，均是在實際的讀經過程裡，朱熹所極力強調的事項；[76]而朱熹顯然也認為藉由眾要則的徹底落實，將促使透過品味文字以究明至理的這條明道進路得以逐步完成。[77]接下來我們或可討論

---

[73] 《朱子語類（一）》，卷14，頁250。

[74] 同前註。

[75] 《朱子語類（五）》，卷67，頁1658。

[76] 有關朱熹讀經的方法論，慶甫先生曾以詮釋學的觀點作過提綱挈領式的論述，其觀點極有參考價值。詳見氏著：〈朱熹經典解釋方法論初探〉，《華中師範大學學報（哲社版）》1992年3期，1992年3月，頁102~107。

[77] 在此必須補充的是，朱熹以為讀經所得之理是得應用、乃至推展於各式生活境況中的。如其在詮釋《大學》裡「為人君，止於仁；為人臣，止於敬；為人子，止於孝；為人父，止於慈；與國人交，止於信」的意旨時，他曾如是發揮道：「五者乃其目之大者也。學者於此，究其精微之蘊，而

在詮釋者注經的歷程裡，朱熹又指出了那些要點，以幫助其他讀者
融入經典語境裡去感受一切，並使得經籍風化人心的神力總能無遠
弗屆地施展於世。

　　朱熹曾說：「學者觀書，先須讀得正文，記得注解，成誦精
熟。注中訓釋文意、事物、名義，發明經指，相穿紐處，一一認
得，如自己做出來底一般，方能玩味反覆，向上有透處。」[78]在這
段旨在闡發讀經要領的文字裡，我們不難看出注疏的主要功用，在
於詳盡詮說經典語文各層面之意蘊，以促使讀者與經籍至理相融為
一。如此說來，注解經文的基本要則便在能適切地幫助讀者領會典
籍道理這點上了，而朱熹所云「解經謂之解者，只要解釋出來。將
聖賢之語解開了，庶易讀」[79]數語，所傳達的也正是這解經旨在透
過詮說經文裡的文意、事物、名義乃至經旨，以資助他人理解經典
精義的理念。

　　只是在歷來經注發展的過程中，注解往往流於抒發詮釋者一己
之見，而反使讀者不易見著經籍原旨。對此境況，朱熹特別回溯了
古注依止經文詮說經義的原始精神，以使今人有所警惕。朱熹云：

　　傳注，惟古注不作文，卻好看。只隨經句分說，不離經意，

又推類以盡其餘，則於天下之事，皆有以知其所止而無疑矣。」（《四書
章句集注・大學章句》，頁5）這便說明了在閱覽經文的過程中，吾人除
了得切實體會經典的深層意蘊外，還須將所悟之理觸類旁通，以適切施用
於繁雜的人倫網絡裡；而也唯有如此，藉由讀經以通曉世間萬理的修道進
路，在朱熹眼裡才有走通的可能。

[78]《朱子語類（一）》，卷11，頁191。

[79]《朱子語類（一）》，卷11，頁193。

最好。今人解書，只圖要作文，又加辨說，百般生疑。故其
文雖可讀，而經意殊遠。程子《易傳》亦成作文，說了又
說。故今人觀者更不看本經，只讀《傳》，亦非所以使人思
也。[80]

藉著古注與今注的比較，朱熹指出了古注的好處在於隨經文說解意
蘊，因而使得讀者總易領會經旨，至於自成文章的今注雖有可觀
處，但卻不免偏離了經義，且將使讀者流連於注解的閱讀上，反不
再去品味經典原文。[81]而這點即是今之詮釋者在投入注經工作前所
必得留意的事。

　　又同樣的意思亦發之於〈記解經〉一文中，且於該文裡，朱熹
乃進一步標舉出解決之道。朱熹是這麼寫道的：

---

[80]同前註。

[81]《語類》裡載有這樣的對話——傳至叔言：「伊洛諸公文字，說得不恁
分曉，至先生而後大明。」先生曰：「他一時間都是英才，故撥著便轉，
便只須恁地說。然某於文字，卻只是依本分解注。大抵前聖說話，雖後面
便生一箇聖人，有未必盡曉他說者。蓋他那前聖，是一時間或因事而言，
或主一見而立此說。後來人卻未見他當時之事，故不解得一一與之合。且
如伊川解經，是據他一時所見道理恁地說，未必便是聖經本旨。要之，他
那箇說，卻亦是好說……。」（《朱子語類（七）》，卷105，頁2625）
在面對他人的讚揚時，朱熹一方面申明自身注解經籍依文說義的立場，另
方面推測前賢注解未能闡明經旨的原因。而有意思的是，從朱熹稱讚伊川
注解的話語來看（大抵指《伊川易傳》而言），朱熹顯然亦不反對此類自
抒見解但言之有物的注疏，只是站在欲使讀者品味經文的立場，朱熹並不
鼓勵這種做法而已。

> 凡解釋文字，不可令注腳成文，成文則注與經各為一事，人
> 唯看注而忘經。不然，即須各作一番理會，添卻一項工夫。
> 竊謂須只似漢儒毛、孔之流，略釋訓詁名物及文義理致尤難
> 明者，而其易明處更不須貼句相續，乃為得體。蓋如此則讀
> 者看注即知其非經外之文，卻須將注再就經上體會，自然思
> 慮歸一，功力不分，而其玩索之味亦益深長矣。[82]

可見為防範「看注而忘經」、或經注分開閱讀而「添卻一項工夫」
等弊端的發生，朱熹乃主張當遵循漢代古注隨文解明關鍵處、簡易
處則不再闡釋這不獨立成文的注解格式，以使讀者總將注文拉回到
經典上看。如此一來，非但讀者將不再模糊了讀經的焦點，且還能
在注解的資助下，讓涵泳玩味經典意蘊的過程得到更深邃的發展。
另外必得注意的是，朱熹還曾藉助水流相融無痕這意象，闡述經注
所當達到的標準。他說：「解說聖賢之言，要義理相接去，如水相
接去，則水流不礙。」[83]這便透顯出好的注疏，不僅是要在形式上
與經文和在一塊，而義理上也得與經旨融合無礙；因為唯有這樣，
朱熹方能保證經典本具的風化神力能順暢地展現出，一如相融後的
江河繼續奔流般。[84]

---

82 《朱熹集（七）》，卷74，頁3886。

83 《朱子語類（二）》，卷19，頁437。

84 《語類》裡收有一段討論前賢經說的問答，當可說明朱熹詮說經文必得
與經典語境、義理相互融合的態度。該段記載是這樣的——問：「楊氏
謂：『欲民之不為盜，在不欲而已。』橫渠謂：『欲生於不足，則民盜。
能使無欲，則民自不為盜。假設以子不欲之物，賞子使竊，子必不竊。故
為政在乎足民，使無所欲而已。』如橫渠之書，則是孔子當面以季康子比

　　當然想要作出優異的注解，其關鍵絕不止於注疏書寫層面的問題而已，因真正重要的，應是想幫助其他學者融入典籍裡去的那份「己立立人，己達達人」的誠摯心意。朱熹曾說：「某釋經，每下一字，直是稱等輕重，方敢寫出！」[85]又說：「某所集注《論語》，至於訓詁皆子細者，蓋要人字字與某著意看，字字思索到，莫要只作等閑看過了。」[86]這戒懼謹慎、細心用功的態度與作為，在在透顯出朱熹欲助人體會經典道理的用心是多麼深刻。而這種真誠的用心，不但是注解工作能否成功的基石，且它可說也從根本上賦予了釋經事業無上的道德價值。

　　說了這麼多關於釋經的理論，最後就讓我們以《詩集傳》裡朱熹對〈二南〉諸詩的注疏為文本，來實際感受一下經由朱熹的詮解所釋放出的經文風力（不過在此，我們必須把自己當成是求道的古君子，而暫且忘掉近代考據式的《詩經》知識）。

　　翻開《詩集傳·二南》裡所載的詩歌，我們能清楚地看到朱熹不但隨文標注了重要的讀音與詩句的作法，也適時解說了詩中名物、詞意、意象，乃至章句之旨或全篇的詩意等等。就拿〈桃夭〉

盜矣。孔子於季康子雖不純於為臣，要之孔子必不面斥之如此。聖人氣象，恐不若是。如楊氏所說，只是責季康子之貪，然氣象平和，不如此之峻厲。今欲且從楊說，如何？」曰：「善。」（《朱子語類（三）》，卷42，頁1089）在這段攸關詮說《論語·顏淵》「季康子患盜章」義理的文字中，朱門師弟所以棄絕張載（1020~1077）的解說，便在於張載的詮釋過了頭，而反偏離了原典語境、乃至誤釋了聖人之為人風格。由此可知解經在朱熹眼裡，的確是得契合於經籍的脈絡與義理的。

[85]《朱子語類（七）》，卷105，頁2626。

[86]同註78。

詩爲例吧！《詩集傳‧桃夭》首章的經文注解是這樣呈現的：

> 桃之夭夭，【（注文：）於嬌反。】灼灼其華。【（注
> 文：）芳無、呼瓜二反。】之子于歸，宜其室家。【（注
> 文：）古胡、古牙二反。○興也。桃，木名，華紅，實可
> 食。夭夭，少好之貌。灼灼，華之盛也。木少則華盛。之
> 子，是子也。此指嫁者而言也。婦人謂嫁爲歸。《周禮》，
> 仲春令會男女。然則桃之有華，正婚姻之時也。宜者，和順
> 之意。室，謂夫婦所居。家，謂一門之內。○文王之化，自
> 家而國，男女以正，婚姻以時。故詩人因其所見以起興，而
> 歎其女子之賢，知其必有以宜其室家也。】[87]

在順著經文而逐一閱讀了這些層次各異、深淺不同的注解時，身爲
讀者的我們，除能藉由讀音與詩文作法的把握，而有助於吟詠誦
讀、以及了解詩句形成的進路外，像「桃花」這名物的解釋，「夭
夭」、「灼灼」等狀詞的詮說，亦皆使吾人得以真切感知初嫁女子
的青春樣態，乃至未來婚姻生活的美好境況。更要緊的是，朱熹點
出了這首詩的本事是在贊歎符合先王禮制的婚嫁情境，這便使得該
詩被納入國人因被聖王教化、而能適時婚娶以建立美滿家庭這道德
化世界的背景中了。而當此理想境地的圖像在吾人心中浮現之際，
一股嚮往聖王治世的情懷，也將於吾人心中油然升起了吧！

　　整個讀過朱熹對〈周南〉、〈召南〉各詩篇的詮釋，我們將發

---

87 宋‧朱熹：《詩集傳》，香港：中華書局香港分局，1961年，卷1，頁
5。

覺朱熹是有系統地將〈二南〉整卷的詩歌，嵌置於「文王之化」的
道德世界圖像裡。如其於〈周南〉末端，便如是總結道：

> 按此篇首五詩（即〈關雎〉、〈葛覃〉、〈卷耳〉、〈樛
> 木〉與〈螽斯〉）皆言后妃之德。〈關雎〉，舉其全體而言
> 也。〈葛覃〉、〈卷耳〉，言其志行之在己。〈樛木〉、
> 〈螽斯〉，美其德惠之及人。皆指其一事而言也。其詞雖主
> 於后妃，然其實則皆所以著明文王身修家齊之效也。至於
> 〈桃夭〉、〈兔罝〉、〈芣苢〉，則家齊而國治之效。〈漢
> 廣〉、〈汝墳〉，則以南國之詩附焉，而見天下已有可平之
> 漸矣。若〈麟之趾〉，則又王者之瑞，有非人力所致而自至
> 者，故復以是終焉，而序者（指作〈小序〉者）以為〈關
> 雎〉之應也。[88]

這詮說乃依循〈周南〉諸詩的次第，表述出文王后妃的和樂相處、
逐漸感化了周人乃至全天下人這樣的意思，又以稱美宗族公子的
〈麟之趾〉詩收尾，則暗示出行止仁厚的文王子孫終將治理天下的
訊息；而這家齊、國治與天下將平的詩境詮釋，實烘托出唯有修身
完善的君子、方能上達德行化育天下之境這般的深意。邪當這詩意
滲入作為讀者的吾人心底時，吾人怎會不為詩篇所體現出的君子形
象所感動呢？

　　另外在〈召南〉末尾，朱熹曾如此說道：

---

88 《詩集傳》，卷1，頁7~8。

愚按〈鵲巢〉至〈采蘋〉，言夫人大夫妻，以見當時國君大
夫被文王之化，而能修身以正其家也。〈甘棠〉以下，又見
由方伯能布文王之化，而國君能修之家以及其國也。其詞雖
無及於文王者，然文王明德新民之功，至是而其所施者溥
矣。抑所謂其民皞皞而不知為之者與。[89]

這乃是藉傳統上被視爲是採自召公奭采邑的〈召南〉諸詩的說解，
通盤發明了文王之德由朝廷布及諸侯室家，且能廣遍國人的道理。
又對描述田獵盛況、且是〈召南〉卷末詩篇的〈騶虞〉詩，朱熹更
寫下了如是引入矚目的詮說：「南國諸侯承文王之化，修身齊家以
治其國，而其仁民之餘恩，又有以及於庶類。故其春田之際，草木
之茂，禽獸之多，至於如此。」[90]而這樣的詮釋，不正進一步渲染
出明道君子不僅廣施德惠於民、且其恩澤將旁及萬物這理想世界的
圖畫嗎？經由朱熹精闢的詩意提點，恐怕吾人心裡將不由己地興起
欲仿效文王典型的道德情懷吧！而此時此刻，吾人大抵便在朱熹注
解的適切幫助下，親身感受到經典語文所特有的那股足以撼動人
心、且將使人奮發向上的風化力量了。

論述完了朱熹對經學事業的諸多想法，體會過朱熹注解的獨特
魅力，我們也該下個結論了：

首先，不論是釋經者自身閱讀經籍，抑或詮釋者實際從事注經
的工作，都得克服書面語文平板僵化的限制。故朱熹乃指引出以
「涵泳玩味」爲旨趣的治經原則，以期突破困境，並使經典語文得

---

[89]《詩集傳》，卷1，頁14。
[90]同前註。

以順當地風化人心。

　　所謂以「涵泳玩味」爲旨趣的治經原則，其重點在於發揮人人均有的感官本能，以促使吾人在治經時能真切感知經文意蘊，且在生發切身感悟的境況下提升自家生命境界。又爲使「涵泳玩味」這治經原則能順利落實於經學事業上，朱熹乃標舉出一系列巨細靡遺的要則。例如在讀經上，像維持清明的心境、依循熟讀精思的讀經次第，乃至配合經典語文的特色閱讀、及成體系地博覽眾經等要點，便被朱熹分別提出了；至於在釋經方面，朱熹則申明了依經文作注、與將注解義理與經旨融爲一體等要求。而重要的是，在這些要領的引導下，吾人非但得以徹底融入經典中去領會其中至理，且亦能將自家領悟適切轉化爲注釋文字，以幫助其他學者品味經籍深旨。如是一來，以讀經、釋經爲內容的經學事業，可謂便是能一并昇華自身與他人生命境地的神聖事業了。

第四節　小結

　　總括來講，朱熹的經學思維是挺新鮮且發人深省的，尤其是對已習於運用語文，而不再思考語文相關問題的我們來說。如在經典語文上，朱熹是連繫到大化流行自然形成各式文跡這特殊視角，來思索經典語文的本質爲何；這便使得經典語文在其思維裡，成了能整全體現天道、且帶有風化人心力量的神聖語文。又在以讀經、釋

經爲內容的經學事業上，朱熹則點出唯把握以「涵泳玩味」這訴諸切身體會經典意蘊的治經原則，吾人才能在真切品味經旨之餘轉化生命本質，且亦能藉由自身適切的詮釋，讓經典語文的風力順遂施展出來，以促使他人亦爲典籍至理所化。而上述這立基於經典語文風化神力上的成套想法，就是朱熹對經典與經學的獨特思維。

有意思的是，當我們洞察了朱熹對經典與經學的思維後，何以治經事業是求道入德的正途大道這本文關切的核心課題，也自然而然被解開了。依朱熹的想法，吾人既得藉由窮究事物道理的格致工夫，方能喚醒本具的性理以至回歸與道同一的人生至境，那麼吾人當然可將該工夫聚焦在作爲大道之肉身、且較一般事物更能透顯至理的經典語文上，以體會蘊涵於其中的世間真理，乃至開掘仁心、活出事事合理的生命樣態（當然這得經過「涵泳玩味」這適當的讀經方式）。而更重要的是，治經事業除自身讀經體會道理外，還包括詮釋經典以把書中至理揭明於世的注經工作，這乃使得整個經學事業，成了能同步成就自身與他人的神聖工程。如是說來，經學事業作爲明道君子當行的正途大道這想法，也自然是朱熹終身持守的無上信念了。

第四章　朱熹個人對經學
優先地位的確立

第一節　前言

　　經由前面的論說，吾人大致已能瞭解經學自身的學術規模——
這是門藉由理解與詮釋經典語文的過程，以體悟、乃至申明世間至
理的特殊學問。然在此我們必須省思的是，對以體道、明道爲職志
的傳統士人而言，他們只能選擇經學這條進路以趨進至道嗎？情況
應當不會如此狹隘。

　　就傳統的四部圖書分類來看，中國大抵存在著經學、史學、子
學與文學四種主要學問；而稍加思索古代士人對這四門學問的態
度，我們不難發現這些學問在士子的心目中，都與體道、明道這人
生課題緊密聯繫在一塊：如經學將闡明至理這點自然不在話下，追
述史事始末並彰顯人倫大義的史學，以及重在申論自家領會、主張
的子學，當然亦與生命之道一類問題息息相關；此外，像文以明
道、載道等主張一再於文學史上出現的情況，也說明著瀰漫美感的

文學，同樣脫不開體悟、傳達至道等相關命題。如是說來，傳統士子在體道、明道的路程上所能擇取的進路，其實算是蠻多樣化的。

　　回到本文的主角朱熹身上，我們也看到除了治經事務外，朱熹所從事的學術事業原本也是挺多樣化的。例如朱熹制作的《資治通鑑綱目》，在史籍之林中便是頗具份量的著作（縱然朱熹並未親手完成該書，而是由其弟子趙師淵續成），而從《文集》與《語錄》裡收錄的論學或論時務的精采文字來講，朱子也算是個夠格的「儒家式」諸子，又最令人訝異的，乃是朱熹對文學的高度興趣，及其所留下的的豐富文學創作。[1]由此可知，朱熹在體道、明道的修身進路上，其實未曾全然倚靠經學事業一途。那麼，現在我們所面臨的問題顯然是：學術事業原本極為廣闊的朱熹，為何在生命的進程裡逐漸將為學重心擺在經學大業上？而在這轉折中，影響朱熹思維的又是哪些因素？藉由這問題的探索，我們或能解開經學事業何以能成為朱熹體道、明道時的優先進路這本論文的第二個核心課題。下面進行正式的論述。

---

[1] 常人總以理學家的身份來看待朱子，殊不知朱熹其實是文學史上極為重要的作家。對此情形，張靜二先生曾如是說道：「他（朱熹）自幼喜歡韓文，且『早歲本號詩人』，後來也寫過不少詩文，在兩宋儒學家當中，實屬能文擅詩之士。《朱文公文集》中所收的詩就有一、二一一首（包括賦五首、詞與琴操各一首），不能算少；其中所收的文章則更多達三、七九六篇二五〇萬言（包括書、記、序、跋等）。」（張靜二：〈朱熹的理氣論與詩文觀〉，《中外文學》第22卷第4期，1993年9月，頁88）可見朱熹於文學上的成就確實不可輕忽。

第二節　語文實踐的它種進路
——史學、子學與文學

　　在探討朱熹何以將爲學重心聚焦於經學事業這課題之前，我們或當對經學、史學、子學與文學這四門學科的分野有一定程度的瞭解，以使正題的討論有所基礎。故論述史學、子學與文學何以能成爲獨立的學科這問題——亦即如經學般同樣仰賴語文呈現的諸學問究竟具有何種特色、而使它們得以挺立於世這課題，便自然成爲本章節須處理的首要工程了。

　　欲瞭解史學、子學及文學的特色所在，蕭統（501~531）於〈文選序〉中述說其篩選文學作品之考量的一段文字，應可作爲吾人思索的指引。該文云：

　　　余監撫餘閒，居多暇日，歷觀文囿，泛覽辭林，未嘗不心遊目想，移晷忘倦。自姬、漢以來，眇焉悠邈，時更七代，數逾千祀。詞人才子，則名溢於縹囊；飛文染翰，則卷盈乎緗帙。自非略其蕪穢，集其清英，蓋欲兼功，太半難矣！若夫姬公之籍，孔父之書，與日月俱懸，鬼神爭奧，孝敬之准式，人倫之師友，豈可重以芟夷，加之剪截？老、莊之作，管、孟之流，蓋以立義爲宗，不以能文

> 為本，今之所撰，又以略諸……至於記事之史，繫年之
> 書，所以褒貶是非，紀別異同，方之篇翰，亦已不同。若
> 其讚論之綜緝辭采，序述之錯比文華，事出於沉思，義歸
> 乎翰藻，故與夫篇什，雜而集之。遠自周室，迄於聖代，
> 都為三十卷，名曰《文選》云耳。[2]

在序文裡，蕭統雖沒正面論說經學、史學、子學乃至文學的各別特
徵，但由其面對千年來各式語文作品所標舉出的選文標準中，卻反
能揭明經學作品、史學作品、子學作品與文學作品的不同處；而要
緊的是，該四門學科的特質所在也隨之自然朗現了。

　　首先，蕭統所以不取向為士人看重的經典，絕不是因為這些文
字沒有誦讀或欣賞的價值；相反地，正是因為先聖制作的經籍根本
便是呈顯世上真理的神聖語文，這才使得蕭統不敢依憑一己之見去
擇選經文（序文中「若夫姬公之籍，孔父之書，與日月俱懸，鬼神
爭奧，孝敬之准式，人倫之師友，豈可重以芟夷，加之剪截」云
云，所表露的就是這種極度崇敬的想法）。進一步推說，蕭統的話
語似也反映出當面對先聖所留下的典籍時，吾人只能抱持著虔敬謹
慎的心思去細心領會、詮說之。這麼一來，以詮釋經籍語文為特色
所在的經學學術性格，也因而浮顯出來了，是以像《四庫全書總
目‧經部總敘》中「經稟聖裁，垂型萬世，刪定之旨，如日中天，

---

2 梁‧蕭統編，唐‧李善注：《文選（一）》，臺北：文津出版社，1987
年，頁2~3。

無所容其贊述；所論次者，詁經之說而已」[3]這廟堂氣頗濃的論述，大體也可當成是經學這門學科的適切定義了。邢就是說，經學是門「無所容其贊述」、而只可虛心領會經文意蘊的詮釋性格學問。

邢史籍乃至史學又具有何種特色呢？蕭統所云「至於記事之史，繫年之書，所以褒貶是非，紀別異同，方之篇翰，亦已不同」數語，大抵透露出史書是種藉由歷史圖像的描繪與建構，以彰明「是非」、「異同」一類道德義理的特殊語文。如是說來，史學便當是經由營構史事以圖透顯人倫大義的學問了。司馬遷於〈太史公自序〉裡所引孔子之言：「我欲載之空言，不如見之於行事之深切著明也！」[4]則更清楚標明了唯藉切實可考的史事的撰寫、世間至道才能明晰呈顯出來這史家執持的理念；邢相較來說，直迆說理而無舊事敍述的論理文字（即引文中所謂的「空言」），大抵即因無實例佐證而不獲史家青睞了。而這史文尤能明道的信念，可說就是史學能成爲一門獨立學科的基石了。

接下來，我們該來看看子書與子學了。《文選》不錄子書的理由，據序文乃是「蓋以立義爲宗，不以能文爲本」，這便點出子書是種以論說、陳述道理爲重心所在的語文，而並不措意於文章辭藻的琢磨。此外，劉勰於《文心雕龍・諸子》裡，曾以「諸子者，入

3　清・永瑢等：《四庫全書總目》，臺北縣：藝文印書館，1989年，卷1，頁1上。

4　漢・司馬遷：《史記（十）》，北京：中華書局，1982年，卷130，頁3297。

（《玉海》作「述」）道見志之書」[5]一語來爲子書下定義，這也明白地指出，子書是種以表述著書者之心志、觀點爲標的的語文著作。那麼我們或可說，子學是種以直接呈顯事理爲核心，而不太借重辭采魅力的說理性格的學科了（當然這絕不是說子書毫無文采可觀）。

至於文學作品與文學的特色，蕭統更未多花力氣去陳說，然由其擇取文辭精美的史論及史述贊（即〈文選序〉中所云之「讚論」與「序述」）一類文字，且以「事出於沉思，義歸乎翰藻」二語稱說之等情況看來，文學作品該是種既有獨特見解、又藉高度語文控馭能力——包括辭彙的斟酌、聲律的講究、典故的活用、意象的營造等等修辭技法——以將深沉的思想化爲篇章的精妙文字。又身兼文學家與文論家的陸機（261~303），曾於其曠世名作〈文賦〉末尾，寫下如是精緻的話語：

> 伊茲文之爲用，固眾理之所因。恢萬里而無閡，通億載而爲津。俯貽則於來葉，仰觀象乎古人。濟文、武於將墜，宣風聲於不泯。塗無遠而不彌，理無微而弗綸。配霑潤於雲雨，象變化乎鬼神。被金石而德廣，流管絃而日新。[6]

這則是更進一步將文章視爲是能突破時空阻礙、傳承先聖至道、呈顯所有事理、且能生發風化人心力量的與道合一的神妙語文了（這

---

5 梁·劉勰，范文瀾註：《文心雕龍註（上）》，香港：商務印書館香港分館，1986年，卷4，頁307。
6 《文選（二）》，卷17，頁773。

可說已把優異的文學作品上提至經典的崇高地位了）。這麼說來，文學於文士心中，可謂便是種依止於高妙的語文掌控能力、以淋漓展現真理深意的神聖學問了。[7]

必得留心的是，當我們對經學、史學、子學與文學的特色有了一定程度的認識後，吾人亦將察覺相較於經學詮釋經籍語文、而不獨立論述的學術性格，史學、子學與文學均是立基於自創語文這特徵上的學問（縱然它們有各自的運文方式）。置回傳統士人體道、明道的人生課題來講，上述情況顯然意味著，除了依憑品味先聖語文以領會、乃至發揚至道的修身途徑外，傳統士子亦可藉由自創語文的進路，將一己體悟之道轉化為歷史圖像、論理之說，抑或動人的美文，以將隱微難曉的至理揭明於世。是以由理論層面而言，以體道、明道為終生職志的士人，當然可以依循史學、子學與文學等進路，來趨近自我的人生目標；又由前賢所留下的豐富的自創性格語文遺產來看（亦即各式優異的史學、子學與文學著作），史學、子學與文學這三條語文實踐進路於實際層面上，顯然也確實發揮了使傳統士人尋著生命價值的大用。

---

[7] 以此角度而言，我們不難看出文學成立的關鍵，似乎主在語文掌控能力的有無上，而並非全然奠基於作者本身情志的特殊性。是以文學學圈盛行已久的「抒情文學」的觀點——即把文學成立的要素大體擺在抒情自我的發現上的文學觀，其實與傳統士人的文學思維間是有段距離的。又這情況便提醒我們，在審視傳統文學的相關課題時，或許該嘗試將焦點集中在語文策略的習熟與運用等問題的討論上，如此或更能擴大吾人的文學視野。

第三節　從詮釋性格進路的優先考量
到經學志業的形成

　　在本節裡，我們將把焦點拉回朱熹身上，來看看究竟是基於哪些考量，方使得朱熹把學術事業的重心放在詮釋性格濃厚的經學事業上，乃至疏遠、甚至想要棄絕其它獨力論說性格的學問。

　　在此，且讓我們由朱熹對史學的思維展開論述。朱熹於〈資治通鑑綱目序〉裡，曾這樣述說其作史的緣起、體制與旨趣道：

> 先正溫國司馬文正公受詔編集《資治通鑑》，既成，又撮其精要之語，別為《目錄》三十卷并上之。晚病本書太詳，《目錄》太簡，更著《舉要歷》八十卷以適厥中，而未成也。至紹興初，故侍讀南陽胡文定公始復因公遺稿修成《舉要補遺》若干卷，則其文愈約而事愈備矣。然往者得於其家而伏讀之，則猶竊自病記識之弗彊，不能有以領其要而及其詳也。故嘗過不自料，輒與同志因兩公四書別為義例，增損櫽括，以就此編。蓋表歲以首年，而因年以著統，大書以提要，而分注以備言，使夫歲年之久近，國統之離合，辭事之詳略，議論之同異通貫曉析，如諸指掌。名曰《資治通鑑綱目》，凡若干卷，藏之巾笥，姑以

私便檢閱，自備遺忘而已。若兩公述作之本意，則有非區
區所敢及者。雖然，歲周於上而天道明矣，統正於下而人
道定矣，大綱概舉而監戒昭矣，眾目畢張而幾微著矣。是
則凡為致知格物之學者，亦將慨然有感於斯，而兩公之志
或庶乎其可以默識矣。[8]

在這段文字裡，朱熹先指出《資治通鑑綱目》乃奠基於司馬光
（1019~1086）《資治通鑑》、《通鑑目錄》、《通鑑舉要歷》，
以及胡安國（1074~1138）《通鑑舉要補遺》這一系列編年長史上
的著作。緊接著，朱熹標示了該書「表歲以首年，而因年以著統，
大書以提要，而分注以備言」的著作體例，這乃表明《綱目》是部
順著時間軸的演進——該時間軸是由以干支記載的自然時間、與以
帝王年號排列的人世時間共同組成，且以總述史事大綱的文字，以
及詳盡交代事件細節的注文來呈現歷史大勢的史籍。又重要的是，
朱熹相信該史籍不但能清晰交代時間之流中種種繁複事理演變的始
末，且經由精心營構、繪製的歷史圖像，《綱目》一書還能同時彰
明巨細靡遺的天理人道，而使得後世士子能有所警惕、乃至能先行
洞悉事理發展的徵候。如是說來，史學事業的正當性，可說便完全
為朱熹所申明了。而朱熹曾於〈答劉子澄〉一信中曾道出「《綱
目》亦修得二十許卷，義例益精密，上下千有餘年，亂臣賊子真無

8　郭齊、尹波點校：《朱熹集（七）》，成都：四川教育出版社，1996
年，卷75，頁3947~3948。

所匿其形矣」[9]數語，由此亦可知，朱熹對其治史的功效大抵算是相當肯定的。

據錢穆的考證，朱子專力制作《綱目》是在其四十三至四十九歲之際，之後則因公職在身方不克親身完成。[10]面對無力成書的窘況，朱熹於〈答李濱老〉一書信裡曾發出「衰眊浸劇，草稿如山，大懼不能卒業，以爲終身之恨」[11]一類感歎。然若與其在注經事業上所花的心思、與所成就的豐碩成果相較，朱熹於撰史上所投注的力量其實極爲有限；又再加上《綱目》一書，根本上是起於不滿《通鑑》原書於義理與制作上的不當，而非一開始就有意藉史文以彰明大道，[12]這便使得朱熹終究缺少一份如太史公欲依憑史學大業

---

9 《朱熹集（三）》，卷35，頁1542。

10 錢穆云：「朱子戊戌（時年四十九）八月已得差知南康軍之命，翌年己亥（時年五十）正月赴任……《綱目》之不能成書，顯與其出主南康有關係。自壬辰（時年四十三）至戊戌前後七年，是爲朱子致力《綱目》之年歲。此下則有意修補，而終未如志。」（錢穆：《朱子新學案（五）》，臺北：三民書局股份有限公司，1989年，頁129）由此可知中年的朱熹曾著力於《綱目》的撰寫，後則因知南康軍而耽擱下來。

11 《朱熹集（四）》，卷46，頁2204。

12 朱熹曾云：「三國當以蜀漢爲正，而溫公乃云，某年某月『諸葛亮入寇』，是冠履倒置，何以示訓？緣此遂欲起意成書。」（宋‧黎靖德編，王星賢點校：《朱子語類（七）》，北京：中華書局，1994年，卷105，頁2637）可見激發朱熹治史的一個重要原因，乃是不同意司馬光所營構的歷史圖像。又朱熹於〈辭免江東提刑奏狀三貼黃〉裡寫道：「臣舊讀《資治通鑑》，竊見其間周末諸侯僭稱王號而不正其名，漢丞相亮出師討賊，而反書入寇，此類非一，殊不可曉。又凡事之首尾詳略，一用平文書寫，雖有目錄，亦難檢尋。因竊妄意就其事實別爲一書，表歲以首年，而因年以著統，大書以提要，而小註以備言。至其是非得失之際，則又輒用古史

「以究天人之際，通古今之變，成一家之言」（見〈報任少卿書〉）[13]的史家氣魄。凡此種種，皆足以說明朱熹並未將生命重心置於史學事業上。何以如此？底下所徵引的文獻或將透露答案。

《朱子語類》卷十一收錄了大量朱子對讀書方法的意見，而其中有這樣一則話語：

> 看經書與看史書不同：史是皮外物事，沒緊要，可以劄記問人。若是經書有疑，這箇是切己病痛。如人負痛在身，欲斯須忘去而不可得。豈可比之看史，遇有疑則記之紙邪！[14]

乍讀之下，吾人心中不禁起了一些疑問：史文不是亦如經文般也是透顯至道的語文嗎？那為何朱熹於此，卻認為史文只是「皮外物事」，而閱讀有疑時，也不會如讀經有礙時般感到無法「斯須忘去」的「切己病痛」？為解開這疑問，我們或許該看看下面這封寄給著名史家呂祖謙（1137~1181）的書信。朱熹於〈答呂伯恭〉中寫道：

書法，略示訓戒，名曰《資治通鑑綱目》。」（《朱熹集（二）》，卷22，頁926）是以除了《通鑑》原書義理失當處外，該書書寫體例重點不明且難以檢尋這點，同樣是引發朱熹另作《綱目》的緣由。

[13] 漢·班固，唐·顏師古注：《漢書（九）》，北京：中華書局，1962年，卷62，頁2735。

[14] 《朱子語類（一）》，卷11，頁189。

> 熹昨見奇卿，敬扣之以比日講授次第，聞只令諸生讀《左
> 氏》及諸賢奏疏，至於諸經《論》、《孟》，則恐學者徒
> 務空言而不以告也。不知是否？若果如此，則恐未安。蓋
> 為學之序，為己而後可以及人，達理然後可以制事。故程
> 夫子教人先讀《論》、《孟》，次及諸經，然後看史，其
> 序不可亂也。若恐其徒務空言，但當就《論》、《孟》經
> 書中教以躬行之意，庶不相遠。至於《左氏》、奏疏之
> 言，則皆時事利害，而非學者切身之急務也。其為空言，
> 亦益甚矣。而欲使之從事其間而得躬行之實，不亦背馳之
> 甚乎？愚見如此，不敢不獻所疑，惟高明裁之。[15]

這段涉及經學家與史學家各自讀書策略的文字是極有意思的：在史家呂祖謙眼裡，儒者若欲直遽投身於經國大業裡，那麼《論語》、《孟子》一類講論道理的典籍，便顯得空泛而不切實際；然對立基於經學家地位上的朱熹來說，人生最根本的事乃在修身、立己，根基紮穩後方可順當完成濟世事業，是以像《左傳》等史籍（在此，朱熹是把《左傳》視為史書的）以及奏疏一類陳說「時事利害」的文字，顯然才是「非學者切身之急務」的「空言」。這麼說來，依朱熹的想法，詳盡陳說時務、並以歷史圖像體現道理的史文，究竟與明道君子間多了一層隔閡，而遠不若經文般直捷深入己心。是以朱熹所以視史文為「皮外物事」、且不如經文般緊要，便也是可以理解的事了。此外，朱熹曾於〈答潘叔昌〉一書信裡道出「示喻讀史曲折，鄙意以為看此等文字但欲通知古今之變，又以觀其所處義

---

15 《朱熹集（三）》，卷35，頁1535。

理之得失耳，初不必於玩味究索以求變化氣質之功也」[16]數語，這同樣傳達出閱讀史文無法立即收到為文字義理所感化的效用這觀點。

正是因為史文與吾人有隔，且無法直接撼動人心以起風化之效，是以朱熹方強調儒者不可以讀史為為學重心。故其於〈答呂子約〉（子約即祖謙之弟祖儉?~1200）一書信中，曾這般說道：

> 大抵此學以尊德性、求放心為本，而講於聖賢親切之訓以開明之，此為要切之務。若通古今、考世變，則亦隨力所至，推廣增益，以為補助耳。不當以彼為重，而反輕凝定收斂之實，少聖賢親切之訓也。[17]

既然君子之學「以尊德性、求放心為本」，那麼為學自當以領會、闡說經籍要旨為重，讀史便無可避免地成為較次要的事了。而必當注意的是，抱持該理念的朱子，當然也不會將以文字明道的事業重心擺在史文的撰寫上，所以相較於朱熹透過「講於聖賢親切之訓以開明之」的歷程所完成的治經成果，朱子於史學上的成就，也自然無法與經學相提並論。[18]

---

16 《朱熹集（四）》，卷46，頁2237。

17 《朱熹集（四）》，卷47，頁2298~2299。

18 在此要補充的是，除了史文不若經文切近人心這點外，朱熹不鼓勵學者專力讀史還有其它實際層面的緣由。朱熹於〈答趙幾道〉一信中曾說道：「昔時讀史者不過記其事實，撮其詞采，以供文字之用而已。近世學者頗知其陋，則變其法，務以考其形勢之利害、事情之得失。而尤喜稱史邊之書，講說推尊，幾以為賢於夫子，寧舍《論》、《孟》之屬而讀其書。然

　　大致瞭解了朱熹對史文的看法及對史學事業的態度後，我們或當進入朱熹的文學思維世界了。值得注意的是，對照於多少有些被動的撰史工作來說，朱熹對文學創作的態度倒是非常熱烈的。究其緣由，大抵是因爲朱熹原本就是個具有文人性格的士子吧！如其弟子吳壽昌，曾如是描繪朱子平居的生活風采道：

> 先生每觀一水一石，一草一木，稍清陰處，竟日目不瞬。飲酒不過兩三行，又移一處。大醉，則趺坐高拱。經史子集之餘，雖記錄雜記，舉輒成誦。微醺，則吟哦古文，氣調清壯。某所聞見，則先生每愛誦屈原《楚騷》、孔明《出師表》、淵明《歸去來》并詩、并杜子美數詩而已。
> 19

嘗聞其說之一二，不過只是戰國以下見識。其正當處，不過知尊孔氏，而亦徒見其表，悅其外之文而已。其曰折衷於夫子者，實未知所折衷也。後之為史者又不及此，以故讀史之士多是意思粗淺，於義理之精微多不能識，而墮於世俗尋常之見，以為雖古聖賢，亦不過審於利害之算而已。」（《朱熹集（五）》，卷54，頁2735）而《朱子語錄》裡，又錄有這樣一段對話——先生說：「看史只如看人相打，相打有甚好看處？陳同父（即陳亮）一生被史壞了。」直卿言：「東萊（即呂祖謙）教學者看史，亦被史壞。」（《朱子語類（八）》，卷123，頁2965）由此可知，史家見識不高與史文詳載鬥爭史事等情況，很容易促使修持尚未到家的儒者也染上以利害審視一切的態度，且不再嚮往更高尚的人生理想；而這點是朱熹絕不願意看到的事，是以朱熹方不太願意鼓勵學者勤讀史籍，
19《朱子語類（七）》，卷107，頁2674。

流連於自然景物而默默欣賞之，喜讀各類文字、且在酒酣之際朗聲吟詠之，又歷來向為文人看重的諸多美文，朱子平日亦常習誦之；這時，朱熹博雅好文的文士形象，便在壽昌的描述中鮮明浮現出來了。而在文學創作方面，朱熹也的確留下了質量均屬可觀的作品（這點只要稍為瀏覽一下《文集》便可確定），且要緊的是，朱子相當習慣於藉詩文來體現道理，如收錄於《文集》卷四的〈齋居感興二十首〉，便是其以詩明道的經典之作。[20]這種種情形，都能說明朱熹對文學事業確實抱持著一定程度的喜好。

---

[20]有關〈齋居感興二十首〉的創作緣起與內容，申美子先生曾引朱門弟子蔡模（1188~1246）之言，如是論述道：「蔡模說：『而以理為詩，齋居之感興是也。蓋以理義之奧難明，詩章之言易曉，難明者難入而難感；易曉者易入而易感也。朱子切於教人，故特因人之易入易感者，以發其所難入難感者耳。今誦其詩，包羅萬理，總括萬變，排闢異端，又皆正其本而探其原。』可知感興詩二十首的內容『包羅萬理，總括萬變』，其理義之難明處，以詩章言之則易曉。故通過感興二十首可易見朱子的宇宙觀、心性觀、歷史觀、教育觀等。朱子亦似乎有意按二十首所詠的次序，將其思想系統化。並配合日用之實，以『近而易知』之言闡述其思想，使人易入易感。」（申美子：《朱子詩中的思想研究》，臺北：文史哲出版社，1988年，頁206~207）可見該詩確為朱熹有意藉詩文以體現至道的作品。又據張鳴先生的論著，包括朱熹在內的宋代理學家，一直都有以詩明道的傳統——有時是有意藉詩文來述說己所執持的道理，有時是當觀天地萬物突然有感悟時，自然形諸歌詠道出詩歌。這便告訴我們，理學家與文學創作間其實有相當密切的關聯，而近人以理學家全然反對文學的說法，顯然是有待斟酌的。有關張鳴先生的意見，詳見氏著：〈即物即理，即境即心——略論兩宋理學家詩歌對物與理的觀照把握〉，陳平原、陳國球編：《文學史（第三輯）》，北京：北京大學出版社，1996年，頁42~62。

　　只是對文學有如是好感的朱熹，卻曾說出「人到五十歲，不是理會文章時節。前面事多，日子少了。若後生時，每日便偷一兩時閑做這般工夫。若晚年，如何工夫及此」[21]這樣的言論，這乃透露出文學事業在朱熹心中，並不具有絕對的地位，且特別是在來日不多，且體道、明道事業尚未完成的晚年歲月中；又朱熹晚年不欲究力於文學創作的緣由，雖可能與其體會到在精神、氣力日益衰微的情況下，文人終難做出才氣縱橫的作品這情況有所關聯，[22]然而，朱熹又道出「才要作文章，便是枝葉，害著學問，反兩失也」[23]如是的訓示，這便暴露出在朱熹的思維裡，文學事業與君子修道事業間，似乎存有某種難以銷融的衝突。

　　一如前文所云，文學創作亦是君子體道、明道的修身正途這點，在理論層面上是無庸置疑的，是以欲瞭解朱熹有意疏離文學事業的緣由，顯然不能從理論層面著手考察。那吾人要由何角度來理解朱熹的特殊主張呢？朱子對文學發展的省思，該是個合適的切入點吧！而朱熹於〈讀唐志〉一文裡，正詳實陳說了其心目中的文學史觀。這便促使吾人不得不將視線集中到該文上了。

---

[21] 《朱子語類（八）》，卷139，頁3301。

[22] 朱熹曾謂：「某人晚年日夜去讀書。某人戲之曰：『吾丈老年讀書，也須還讀得入。不知得入如何得出？』謂其不能發揮出來為做文章之用也。其說雖粗，似有理。」又云：「人晚年做文章，如禿筆寫字，全無鋒銳可觀。」（《朱子語類（八）》，卷139，頁3302）這便道出人晚年氣力精神衰弱後，在表達能力與筆力皆不如從前的境況下（縱然理解能力未明顯減退），終難做出優秀文章的情形。

[23] 《朱子語類（八）》，卷139，頁3319。

　　朱熹於〈讀唐志〉中，首先交代了成於先聖之手的神聖經典的特殊性格，亦即將其視爲是聖賢體道之心自然流露而外顯於世的「道之文」。之後，朱子則以文與道的演變關係爲視角，這般營構了往後文學發展的歷史圖像：

> 孟軻氏沒，聖學失傳，天下之士背本趨末，不求知道養德以充於內，而汲汲乎徒以文章為事業。然在戰國之時，若申、商、孫、吳之術，蘇、張、范、蔡之辯，列禦寇、莊周、荀況之言，屈平之賦，以至秦漢之間韓非、李斯、陸生、賈傳、董相、史遷、劉向、班固，下至嚴安、徐樂之流，猶皆先有其實而後託之於言。唯其無本而不能一出於道，是以君子猶或羞之。及至宋玉、相如、王褒、揚雄之徒，則一以浮華為尚，而無實之可言矣。雄之《太玄》、《法言》，蓋亦長楊校獵之流而粗變其音節，初非實為明道講學而作也。東京以降，迄於隋唐，數百年間，愈下愈衰，則其去道益遠而無實之文亦無足論。[24]

在此段論及戰國至隋唐文學演變大勢的文字裡，朱熹因著眼於經典語文作爲「道之文」這特定觀點，而把一般文學史視爲是文學獨立發展的這段關鍵時期，看成是文學逐漸衰落的時代：在朱熹眼中，自戰國諸子紛起之際，便興起了一股「汲汲乎徒以文章爲事業」、而「不求知道養德以充於內」的風氣，這便使得文章事業與至道間的緊密聯繫逐漸鬆脫了；又糟糕的是，相較於諸子乃至後世儒生

---

[24]《朱熹集（六）》，卷70，頁3654。

「猶皆先有其實而後託之於言」的情況，楚漢辭賦家專力於詞藻考究的「浮華」傾向，則將後代文學演化的趨勢（主指魏晉六朝、乃至唐代前期的文學發展狀況），整個推向雕琢辭章的道路上頭。如是一來，文學事業當然便離先賢文道合一的境地愈加遙遠了。[25]

　　既然並不贊同辭賦所帶起的文學走向，那麼打著「文以載道」的口號，且以六朝以來的華美文字為反省對象的古文運動，或許較能符合朱熹的文學理念吧！然當吾人抱持著這樣的想法繼續閱讀朱子的意見時，卻發覺情況絕非如此單純。因朱子於〈讀唐志〉一文中，除認真審視了唐宋古文運動的發展實況外，並以嚴格的文道合一標準，來檢閱古文家的文學主張是否真能落實；而對唐代古文運動，朱熹曾如是評論道：

---

[25]關於辭賦於文學史上所起的這種離道日遠的影響，六朝文人早有省思。如劉勰於《文心雕龍·情采》中便說道：「昔詩人什篇，為情而造文，辭人賦頌，為文而造情。何以明其然？蓋風雅之興，志思蓄憤，而吟詠情性，以諷其上，此為情而造文也；諸子之徒，心非鬱陶，苟馳夸飾，鬻聲釣世，此為文而造情也；故為情者要約而寫真，為文者淫麗而煩濫。而後之作者，採濫忽真，遠棄風雅，近師辭賦，故體情之製日疏，逐文之篇愈盛。故有志深軒冕，而汎詠皋壤，心纏幾務，而虛述人外，真宰弗存，翩其反矣。」（《文心雕龍註（下）》，卷7，頁538）又於〈詮賦〉篇裡，劉勰曾說道：「文雖新而有質，色雖糅而有本，此立賦之大體也。然逐末之儔，蔑棄其本，雖讀千賦，愈惑體要，遂使繁華損枝，膏腴害骨，無貴風軌，莫益勸戒，此揚子所以追悔於雕蟲，貽誚於霧縠者也。」（《文心雕龍註（上）》，卷2，頁136）這便將辭賦逐漸悖離大道、且使後代文學轉向浮華一途的境況清楚道出。只是有此反省的劉勰，並無力改變這種時代趨勢。

韓愈氏出，始覺其陋，慨然號於一世，欲去陳言以追
《詩》、《書》六藝之作。而其弊精神、靡歲月，又有甚
於前世諸人之所為者。然猶幸其略知不根無實之不足恃，
因是頗泝其源而適有會焉，於是〈原道〉諸篇始作，而其
言曰：「根之茂者其實遂，膏之沃者其光曄，仁義之人，
其言藹如也。」其徒和之，亦曰未有不深於道而能文者，
則亦庶幾其賢矣。然今讀其書，則其出於諂諛戲豫，放浪
而無實者自不為少，若夫所原之道，則亦徒能言其大體，
而未見其有探討服行之效，使其言之為文者皆必由是以出
也。故其論古人，則又直以屈原、孟軻、馬遷、相如、揚
雄為一等，而猶不及於董、賈；其論當世之弊，則但以詞
不己出而遂有神徂聖伏之嘆。至於其徒之論，亦但以剽掠
潛竊為文之病，大振頹風，教人自為為韓之功，則其師生
之間、傳受之際，蓋未免裂道與文以為兩物，而於其輕重
緩急、本末賓主之分又未免於倒懸而逆置之也。[26]

而對有宋先輩所振興起的古文運動，朱子又這樣論說道：

> 自是以來，又復衰歇。數十百年而後，歐陽子出，其文之
> 妙，蓋已不愧於韓氏，而其曰治出於一云者，則自荀、揚
> 以下皆不能及，而韓亦未有聞焉。然考其終身之言與其行
> 事之實，則恐其亦未免於韓氏之病也。抑又嘗以其徒之說
> 考之，則誦其言者既曰「吾將老矣，付子斯文」矣，而又

---

[26]《朱熹集（六）》，卷70，頁3654~3655。

必曰「我所謂文，必與道俱」；其推尊之也，既曰今之韓愈矣，而又必引夫「文不在茲者」以張其說。由前說，則道之與文，吾不知其果為一耶？為二耶？由後之說，則文王、孔子之文，吾又不知其與韓、歐之文果若是其班乎否也。[27]

身處於距唐宋古文運動尚不太遠、且影響亦未消退的世代裡，朱熹尤能洞悉古文運動的實情究竟為何：朱熹發現，縱使唐宋古文家多能道出文當由體道之心自發流出一類的觀點，然畢竟立基於文學家身份上的古文家，其實從未將身心之修持列為首要之事，而往往卻是較其所批評的文士更用心於文章事業的經營上（這便促使言行不一與見識粗淺這兩點，大致成了所有古文家的通病）。要緊的是，這樣的作為非但使得古文運動走上更著重考究文辭的弔詭方向，且還使得其文道相繫的主張，同樣成了華而不實的空洞口號；而也正因古文家總是「裂道與文以為兩物，而於其輕重緩急、本末賓主之分又未免於倒懸而逆置之也」，亦即他們總以文章之鑽研考索為重心，講說大道大抵只成了妝點門面之事，這便導致古文運動看似成果輝煌，實則根本無法完成其所期許的終極目標，也就是重現那如《詩》、《書》六藝般得以體現至道的神聖語文。[28]

---

[27]《朱熹集（六）》，卷70，頁3655~3656。

[28] 朱熹曾如是評論曾鞏（1019~1083）道：「他初亦只是學為文，卻因學文，漸見些子道理。故文字依傍道理做，不為空言，只是關鍵緊要處，也說得寬緩不分明。緣他見處不徹，本無根本工夫，所以如此。」（《朱子語類（八）》，卷139，頁3313~3314）這便點出古文家往往只是因用力為文方領會些道理的事實，而如是的態度，自然使得古文家通常見道不深，

　　鍾嶸（468?~518?）於〈詩品序〉裡，一開頭便道說出這樣的
言論：

　　　　氣之動物，物之感人，故搖蕩性情，形諸舞詠。照燭三
　　　　才，輝麗萬有；靈祇待之以致饗，幽微藉之以昭告；動天
　　　　地，感鬼神，莫近于詩。[29]

這精要的幾句話，實將六朝人對文學作品的高度信心——以文學作
品非但能賦予世界萬物存在之意義，且還能溝通鬼神，將幽微難曉
的天地至理明示於世——全然表達出來（當然古文家亦抱持著相同
的理念，否則他們不會把畢生精力傾注於文學創作一事）。然對生
在文學已獨立發展甚久的南宋時代，且早喪失初開拓文學疆域時的

在修身方面亦不免有所缺陷了。此外，朱熹這般批評了韓愈（768~824）
「文者，貫道之器」的說法：「這文皆是從道中流出，豈有文反能貫道之
理？文是文，道是道，文只如喫飯時下飯耳。若以文貫道，卻是把本為
末。以末為本，可乎？其後作文者皆是如此。」（《朱子語類（八）》，
卷139，頁3305）類似的講法，亦見於其對蘇軾（1036~1101）的這段指
責：「今東坡之言曰：『吾所謂文，必與道俱。』則是文自文而道自道，
待作文時，旋去討簡道來入放裡面，此是它大病處……說出他本根病痛所
以然處，緣他都是因作文，卻漸漸說上道理來；不是先理會得道理了，方
作文，所以大本都差。」（同註23）可見古文家終究以文為主的態度，乃
導致他們所標舉的主張，在理論上亦倒向道反為末、文則成本的境況。由
此可知，朱熹對古文運動的省思是相當深入的。有關朱熹對古文運動的全
盤檢討，或可參考拙著：〈從文以載道到文道合一〉，《鵝湖》第24卷第
5期（總第281號），1998年11月，頁40~43。
[29]梁·鍾嶸，陳延傑注：《詩品注》，臺北：臺灣開明書店，1981年，頁
1。

新鮮感的朱熹來講，前代文人的實際業績，顯然無法說服朱熹將體道、明道的事業再聚焦於文學創作上。回到我們的課題，亦即朱熹何以欲疏離文學事業這問題，吾人或可說：正是有鑑於歷來文學的發展，總無法真切完成以文明道的神聖大業這事實（包括辭賦家所帶起的美文風尚，以及古文運動的整體表現等等），方促使朱熹不再如前代文人般，將爲學重心整個置於文學事業上。

朱熹曾說：

> 貫穿百氏及經史，乃所以辨驗是非，明此義理，豈特欲使文辭不陋而已？義理既明，又能力行不倦，則其存諸中者，必也光明四達，何施不可！發而爲言，以宣其心志，當自發越不凡，可愛可傳矣。今執筆以習研鑽華采之文，務悅人者，外而已，可恥也矣！[30]

又說：「今人學文者，何曾作得一篇！枉費了許多氣力。大意主乎學問以明理，則自然發爲好文章。詩亦然。」[31]、「不必著意學如此文章，但須明理。理精後，文字自典實。」[32]是類申明專力爲文無助明道之事，以及爲學修身有成後文辭自然可觀等道理的文字，實可視爲是朱熹欲斷絕對文學事業之癖好的宣言。當然作出此決定的朱熹還是不免創作文學，只是他再也不會積極進行該事了，故《語類》裡乃錄有如斯的話語：

---

30 同註23。
31 《朱子語類（八）》，卷139，頁3306~3307。
32 《朱子語類（八）》，卷139，頁3320。

作詩間以數句適懷亦不妨。但不用多作，蓋便是陷溺爾。
當其不應事時，平淡自攝，豈不勝如思量詩句？至如真味
發溢，又卻與尋常好吟者不同。[33]

這便道出朱子雖不再專務文學之事，但當無重大事情待處理而又真
有感悟時，吟唱出本真的詩歌仍是件挺有意味的事。

有意思的是，朱熹這般訓戒過其門人：

今學者大抵不曾子細玩味得聖賢言意，卻要懸空妄立議
論。一如喫物事相似，肚裡其實未曾飽，卻以手鼓腹，向
人說：「我已飽了。」只此乃是未飽，若真箇飽者，卻未
必說也。人人好做甚銘，做甚贊，於己分上其實何益？既
不曾實講得書，玩味得聖賢言意，則今日所說者是這箇
話，明日又只是這箇話，豈得有新見邪？切宜戒之！[34]

於此警語中，朱熹乃明白傳達出其寧可要學者究心體會經義、而不
願他們作文暢抒己見的想法（因藉文抒發見解的作者在其眼中，通
常都沒什麼長進），而朱子偏向經學事業的心意，也依稀透顯出
來。又必得留意的是，朱熹對子學的態度與此狀況其實極為類似。
如朱熹曾這樣評說前代儒生及其作為：

---

[33]《朱子語類（八）》，卷140，頁3333。
[34]《朱子語類（八）》，卷121，頁2925～2926。

賈誼之學雜。他本是戰國縱橫之學，只是較近道理，不至
如儀、秦、蔡、范之甚爾。他於這邊道理見得分數稍多，
所以說得較好。然終是有縱橫之習，緣他根腳只是從戰國
中來故也。漢儒惟董仲舒純粹，其學甚正，非諸人比。只
是困苦無精采，極好處也只有「正誼、明道」兩句。下此
諸子皆無足道。如張良、諸葛亮固正，只是太粗。王通也
有好處，只是也無本原工夫，卻要將秦漢以下文飾做箇三
代，他便自要比孔子，不知如何比得！他那斤兩輕重自
定，你如何文飾得！如《續詩》、《續書》、《玄經》之
作，盡要學箇孔子，重做一箇三代，如何做得！如《續
書》要載漢以來詔令，他那詔令便載得，發明得甚麼義
理？發明得甚麼政事？只也高帝時三詔令稍好，然已不
純。如曰「肯從吾游者，吾能尊顯之」，此豈所以待天下
之士哉？都不足錄。三代之書誥詔令，皆是根源學問，發
明義理，所以燦然可為後世法。如秦漢以下詔令濟得甚
事？緣他都不曾將心子細去讀聖人之書，只是要依他箇模
子。見聖人作《六經》，我也學他作《六經》。只是將前
人腔子，自做言語填放他腔中，便說我這箇可以比並聖
人。聖人做箇《論語》，我便做《中說》。如揚雄《太
玄》、《法言》亦然，不知怎生比並！[35]

這段言語實明白呈顯出朱熹對歷來儒家諸子的嚴厲態度（至於陳說
異道的他家人物，以儒家為本位的朱子自然更不會認同）：朱熹以

爲，前代儒生雖亦有值得稱道之處，但總體看來，他們不是學問不純粹，便是工夫不紮實或文字無精采。如是的諸子，即使欲效法聖人般制作經籍一類神聖語文，大抵也只是空學模樣而實則差之甚遠（朱熹於此是把續經、擬經等語文作品視同子學著作的，又《四庫全書》亦將《法言》、《中說》收於子部儒家類中，可見朱子之見確有道理）。這麼說來，朱熹對儒家子學的發展狀況顯然並不滿意，而抱持此想法的朱子，當然也不會鼓勵儒者以子書之創制爲終生事業了。[36]故評論完先代儒生後，底下朱子話鋒一轉，其苦勸學者當虛心習誦經典的主張又整個傾瀉而出了。朱熹云：

> 某嘗說，自孔、孟滅後，諸儒不子細讀得聖人之書，曉得聖人之旨，只是自說他一副當道理。說得卻也好看，只是非聖人之意，硬將聖人經旨說從他道理上來。孟子說「以意逆志」者，以自家之意，逆聖人之志。如人去路頭迎接那人相似，或今日接著不定，明日接著不定；或那人來也不定，不來也不定；或更遲數日來也不定，如此方謂之「以意逆志」。今人讀書，卻不去等候迎接那人，只認硬趕捉那人來，更不由他情願；又教它莫要做聲，待我與你

---

[36]《語類》裡載有這樣的評論：「此道更前後聖賢，其說始備。自堯、舜以下，若不生箇孔子，後人去何處討分曉？孔子後若無箇孟子，也未有分曉。孟子後數千載，乃始得程先生兄弟發明此理。今看來漢唐以下諸儒說道理見在史策者，便直是說夢！只有箇韓文公依稀說得略似耳。」（《朱子語類（六）》，卷93，頁2350）朱熹這話語也明白地表露出其不滿歷代諸儒的態度。因在其看來，理學家出現前的儒者，大抵均無法掌握先聖要道的精髓，較佳者如韓愈，頂多也只能說個大概而總無法深入發揮。

> 說道理。聖賢已死，它看你如何說，他又不會出來與你
> 爭，只是非聖賢之意。他本要自說他一樣道理，又恐不見
> 信於人。偶然窺見聖人說處與己意合，便從頭如此解將
> 去，更不子細虛心，看聖人所說是如何。正如人販私鹽，
> 擔私貨，恐人捉他，須用求得官員一兩封書，并掩頭行
> 引，方敢過場、務，偷免稅錢。今之學者正是如此，只是
> 將聖人經書，拖帶印證己之所說而已，何常真實得聖人之
> 意？卻是說得新奇巧妙，可以欺惑人，只是非聖人之意。
> 此無他，患在於不子細讀聖人之書。人若能虛心下意，自
> 莫生意見，只將聖人書玩味讀誦，少間意思自從正文中迸
> 出來，不待安排，不待杜撰。如此，方謂之善讀書。[37]

在極力闡述「以意逆志」之精義的情況下，朱熹此段文字，可說將
儒生假託經典語言以文飾己說的實情完全揭露出；且要緊的是，朱
子明白指出以此方式或可「欺惑」他人，然儒者亦將終生無法體悟
聖賢至道，這窘境對以體道、明道為職志的君子來說，才是最該擔
憂的事吧！而有此意識的朱熹，於末尾處又苦口婆心地敘說了虛心
品味經籍所將達致的神效——亦即經旨將自發湧現以致風化己心的
效用，其立基於經學事業上的用心，當然也隨之突顯於世了。[38]

---

37 《朱子語類（八）》，卷137，頁3258。

38 朱熹對文學與子學的態度相當一致，實因這兩門學問的界線原就不甚清
晰。據蕭統〈文選序〉所云，子書語文與文學語文的差異，主在是否憑依
文辭本身的魅力，然先秦諸子之文向來便被認為極富文學價值：如《老
子》的語言具有詩之美感，此外，《莊子》頗具想像力的寓言寫法，以及
《荀子》立論的嚴謹分明等，也早就成為歷代文人的創作典範。這情況便

論述至此，我們將會發現朱熹所以疏遠了史學、子學與文學這三門獨立論說性格的學問，其實均非導因於三者在理論層次上有什麼難以解決的問題（這便是說，史學、子學與文學能成爲明道君子所當專注的事業這點，在理論上並無困難），因真正影響著朱熹、使其立定以經學事業爲終生職志這抉擇的，乃是史學、子學與文學在實踐層面上所產生的諸多困境：隨著歷練與學問的日益成熟，朱熹逐漸察覺，史文在啓迪儒者以興發道德這點上總有所隔閡，這就多少降低了朱熹撰史的意圖，又志向尙未大定的儒者，易爲繁複史事所惑而走向以利害斷定是非一途，亦使得朱熹無法將學術重擔擺在史學事業上；此外，在文學與子學方面，前輩文士與儒生投下大把精力反離道愈遠的窘況，使朱熹深切理解到，欲依憑一己之見而想自創語文申明道理，實爲不切實際之事（因對「斤兩輕重」遠不及聖賢的凡人來說，欲做出如經典般的神聖語言，根本是可欲而不可求的事），是以朱熹也不再如前人般，積極投身於子書與文學的創作大業中。而重要的是，這一連串的省悟，終於促使朱熹將生命重心慢慢聚焦於「講於聖賢親切之訓以開明之」的經學事業上頭；

使得文學與子學間的分野，其實極為模糊。劉勰於《文心雕龍‧情采》裡，曾如此評說老子之言道：「老子疾僞，故稱美言不信；而五千精妙，則非棄美矣。」（《文心雕龍註（下）》，卷7，頁537）老子之言本或可作為子書特殊性格的宣言，亦即諸子當專力於達理之「信言」的制作，而絕不可依賴「美言」來陳說道理。但劉勰點慧地指出，老子自身的文采其實就相當精美，這便使得老子的主張全無說服力；而劉勰這看法，也同樣表述出子學與文學實無根本差別的事實。

這麼一來，經學這門藉詮說聖賢語文以體會、闡揚至道的學問，在
朱熹心目中的優先次第與核心地位便因而確立了。[39]

第四節　小結

藉著前文的論說，我們應該可以得到這樣的結論：

首先我們必須瞭解，依憑語文以體現至道的修道進路實不限於
經學一途。因對傳統士人來說，他們亦可經由史學、子學乃至文學

---

[39] 雖說朱熹終究疏遠了制作史學、子學與文學作品的事業，但這並不意味
朱子從此毫不留意這些學科。就姑且以《朱子語類》所蒐集的朱熹言論來
說吧，在理氣論、心性論、工夫論，以及四書五經等諸類資料之後，《語
類》尚有不少可分別匯歸史學、子學與文學的豐富話語：如總題為「本
朝」、「歷代」的資料，即為繫屬史學的學說；標題為「呂伯恭」、「陳
君舉」、「陸氏」、「老氏」與「戰國漢唐諸子」者，則明顯屬於子學範
圍；又命名為「論文」的部分，則屬於文學領域。而朱熹留下這麼多史
學、子學與文學方面的論點的現象，實透顯出這樣的想法，那就是：對以
「格物」路徑來領會世間至理的儒者而言，用功的對象除諸經典外，在自
家學問已有一定根基時，尚得旁通其它學問以擴充明道君子當有的識度與
胸襟。換句話說，朱熹雖不鼓勵學者務力創作史書、子書與文章，但認為
他人留下的作品仍是儒者所當盡心理解的對象（縱然這些作品未必上達文
道合一的典籍標準，但由於其仍涵蘊著足以啟發世人的諸多慧見，故以體
道、明道為職志的儒者亦當多所用心）。當然這麼一來，原本立基於自創
語文性格上的史學、子學與文學，多少也被朱熹納入詮釋性格的學問格局
中了。

等自創語文的進路，將一己所悟之理藉史文、子書與文章體現出來；而這多面向的體道、明道方式，在本文的主人翁朱熹身上也可清楚地看到。

更詳盡地說，史學是門依歷史圖像之建構以圖申明人倫大義的學問，而子學與文學，則是各自憑藉論理之言語與動人之美文，把親身體會的道理呈現於世的學問。是以從理論層面來講，史學、子學與文學均當作爲明道君子用心之所在這點是可確定的；又傳統士子亦完成了許多優秀的史籍、子書以及文學作品，這便說明著三者於實際層面上所曾達致的業績，確實不容輕忽。

必當留心的是，縱然士人於史學、子學與文學上所成就的事業有一定程度的價值，但對在文道關係上有真切體會的朱熹而言，前人經自創語文之途所完成的實際成果，卻反使朱子對史學、子學及文學的信心與熱情降低下來。因在具體的人生經歷裡，朱熹發覺在讀書過程中以歷史圖像展現事理的史書語文，通常無法即刻興發人的道德意識，且專力讀史的士子，又往往沾染以利害審視一切的習性，這便導致朱熹不願投注太多心力於此；另外，藉著對文學發展大勢與歷代儒生言行的細密考察（尤其是對唐宋古文運動的深層反思），朱熹省悟到欲依憑己力以呈顯、論說至道，非但難以達到以文明道的原初目標，且反常落入悖道甚遠的窘境裡去，而也正因如此，朱熹乃逐漸疏離了文學與子學事業（雖然朱子對文學本有高度的興趣）。既然史學、子學與文學在踐履歷程裡，總有許多歧出的危險，那朱熹所以會傾向與其自創語文以闡述道理、不若虛心品味經旨以立定道德根基這詮釋性格濃厚的修道途徑，便是可以理解的

事了；而經學事業也在該人生態度成形的過程裡，成了朱熹究明世間至理時所行走的主要道路了。

第五章　朱熹經學志業作爲
具體的人生實踐

第一節　前言

　　表面上看來，以閱讀與詮說經籍爲重心的經學事業不過是字紙
間的事情，而似與具體的人生踐履沒什麼直接關聯。然若退一步省
思，我們將察覺是類說法，或許只是身處在對驅役語言已過度習慣
的世代、且不再擁有品味文字意蘊之能力的人們才會有的偏見吧！

　　稍微回溯前文關於朱熹經學思維的陳述，我們不難憶起對朱熹
這位語文敏感度頗高的儒者來說，涵泳玩味經文意蘊的過程，實爲
某種類型的格致的工夫，換言之，虔敬、虛心並傾力理解經典語文
的進程，本身可說就是修道工夫極其重要的一環（且在朱熹眼裡，
讀經甚至是所有格致工夫的聚焦點）；此外，將一己之領悟轉爲適
切的注解文字，以資助他人順當領會經旨、且爲經義所化的注疏工
作，其實亦早將經學事業帶入修己以立人這關涉到群體生命之提升
的道德課題裡去。如是說來，在朱熹這位經學大師的心目中，開掘

163

人生價值的德性問題與體會、詮釋經旨的經學大業間，還真得存在著不容輕忽的關係；而對這關係的深層剖析，也應是欲整全瞭解經學特質的我們，所不能忽視的課題。

張亨先生於〈朱子的志業──建立道統意義之探討〉一文裡，曾立基於思想史的立場，精闢地指出建構聖賢相傳的「道統」，乃是朱子畢生的志業所在。[1]所謂道統之建立，除了得繫聯出向為吾人所熟悉的聖賢傳承譜系外，更重要的，則是必須精確地領受先聖揭明之至道、且將其發揮成成系統的學理體系，以促使聖賢之道能繼續啓發個人的道德情操、乃至促成群體生活的和諧與安樂。必得注意的是，若與朱熹的經學思想比勘，上述這充滿著道德精神、洋溢著實踐熱情的道統建構歷程，不正與讀經以體悟聖道、解經以闡揚至理的經學事業息息相關並相互搭配嗎？[2]又這種聯繫似乎正告訴我們，若想探索朱熹的經學事業與道德踐履間的繁複關係，由道統與經學之關聯這條主軸入手，該是較合適的進路。

在道統與經學的關聯這特定視角的引導下，本章所將陳說的課題也一一浮顯了：首先我們將探討，在朱熹的想法裡，經典語文與

---

[1] 張亨：〈朱子的志業──建立道統意義之探討〉，《思文之際論集──儒道思想的現代詮釋》，臺北：允晨文化實業股份有限公司，1997年，頁頁285。

[2] 張亨先生曾經指出：「在朱子個人的思想成長與實踐工夫之外，他建立道統最具體的工作是注解經典。因他認為『聖賢道統之傳，散在方冊。聖經之旨不明，則道統之傳始晦。』（《朱子行狀》）所以竭其精力，注釋《四書》及《周易》、《詩經》等等，裒集發明周程張邵之書，並編成《通鑑綱目》……這些可以說是積極的，立的方面的工作。」（〈朱子的志業──建立道統意義之探討〉，頁309）可見張先生亦看出建立道統與經學事業間有相當密切的關係，只是他未曾深入討論該課題。

道統之傳遞間究竟有何關聯，以立定解釋問題的理論基石；其次，吾人當依序討論在朱熹看來，品味、領會滿溢先聖之道的經典語文在個人成德的進程裡扮演著何等角色？詮釋經籍的注疏工作與至道之永續傳承間又存在著怎樣的關係？以及該釋經歷程是在何種意義上將有助於儒家理想世界的完成，亦即將促使群體生活臻於和樂安詳之境（這也正是建立道統所指向的終極目標）？希望經由這些問題的論述，經學在實踐層面上的意涵能更為吾人所認識。

第二節　經典語文與道統傳承的關係

在學問、修為皆趨於圓熟境地的六十歲年紀，朱熹正式為其解經名著《中庸章句》作了序文。有意思的是，這篇序文除精簡論說了朱熹所理解的聖賢要道外，關於語言文字在至道傳承過程中到底起何作用這課題，也在字裡行間裡明白呈顯出來了。是以若欲探索朱熹對經典語文與道統傳承關係的看法，這篇序文當然是吾人必當用心的文獻了。下面，我們便姑且順著原文的語脈來進行論說。

令人印象深刻的是，朱熹的〈中庸章句序〉是直逕以何以需要制作《中庸》一書這問題來展開論述，這便使得作為讀者的我們，也即刻被帶入至道與經典語文之相互關係的問題意識裡去了。朱熹云：

> 《中庸》何為而作也？子思子憂道學之失其傳而作也。蓋
> 自上古聖神繼天立極，而道統之傳有自來矣。其見於經，
> 則「允執厥中」者，堯之所以授舜也。「人心惟危，道心
> 惟危，惟精惟一，允執厥中」者，舜之所以授禹也。堯之
> 一言，至矣盡矣。而舜復益之以三言者，則所以明夫堯之
> 一言必如是而後可庶幾也。[3]

在這段以自設問答開展出的文字裡，朱熹先點明欲憑依語文之記載
以維繫聖道於不墜的考量，即是子思作《中庸》的根本緣由（在此
暫且不必深究該文是否真出於子思之手）。緊接著，朱熹追溯了道
統的緣起：在朱熹的觀念裡，道統萌發於遠古先聖悟得天地至理的
剎那（此即「蓋自上古聖神繼天立極，而道統之傳有自來矣」云云
之意旨）；之後，聖賢間則大抵藉由口耳相傳的方式來傳承道理，
所謂的道統即隨之成型了，是以像仍存留於經典中的「允執其中」
（《論語·堯曰》），以及「人心惟危，道心惟危，惟精惟一，允
執厥中」（《尚書·大禹謨》）這十六字心傳，可說即是古代聖王
藉語文傳道的明證或實錄（於此，暫時也毋須考究朱熹是否誤信了
偽《古文尚書》的言論）。而讓我們感興趣的是，朱熹的陳述，不
正突顯出至道傳遞與語文間本初即有的緊密聯繫嗎！因為顯然就是
藉著口語的傳授和文字的記錄，那至為可貴的天地至理，才能經由
堯、舜之口、乃及子思之筆流傳下來。

---

3 郭齊、尹波點校：《朱熹集（七）》，成都：四川教育出版社，1996
年，卷76，頁3994。

　　在〈中庸章句序〉的第二段語文中，朱熹則正面陳說了聖賢相傳之道的內涵到底爲何（這段文字也是歷來朱學學者極其看重的文獻），而人如何能成聖的道理，即是這段話語的主題。該文云：

> 蓋嘗論之，心之虛靈知覺，一而已矣。而以爲有人心、道心之異者，則以其或生於形氣之私，或原於性命之正，而所以爲知覺者不同，是以或危殆而不安，或微妙而難見耳。然人莫不有是形，故雖上智不能無人心；亦莫不有是性，故雖下愚不能無道心。二者雜於方寸之間，而不知所以治之，則危者愈危，微者愈微，而天理之公卒無以勝夫人欲之私矣。精則察夫二者之間而不雜也，一則守其本心之正而不離也。從事於斯，無少間斷，必使道心常爲一身之主而人心每聽命焉，則危者安、微者著而動靜云爲自無過不及之差矣。[4]

　　藉著對「人心惟危，道心惟危，惟精惟一，允執厥中」這十六字的詮釋，朱熹精要地道出人能否成聖的關鍵所在：對生於世間且具備形軀的人來說，他們雖擁有稟於天地生物之心的仁德（此即「原於性命之正」的「道心」，而這也是人所以能成聖的資具），但也同時被伴隨身軀而來的種種欲念所束縛（此即「生於形氣之私」的「人心」）；再加上現實境況裡，滿足安佚的欲求總是強過對仁心本性的體認與彰顯，這便導致絕大多數的人都無法「勝夫人欲之私」、以致上達合於「天理之公」的聖賢境地。又在這種窘況中，

---

[4] 同前註。

往聖先賢悟出唯經由清明審視道心、人心之分野，且使欲念總爲仁心本性所引導、點化的「惟精惟一」工夫，人方能突破上述困局；因爲藉由該工夫的持續進展，人欲流蕩的弊病不但不易生成，而原本難以覺曉的仁心也彰明起來了。這時，人便自然能趨近「動靜云爲自無過不及之差矣」的至聖之境了。

　　站在本文所關心的課題上，更引起我們注意的乃是〈中庸章句序〉的後段文字；因在該段語文裡，朱熹詳細闡述了《中庸》一書的淵源，乃至後世儒者傳習的狀況，而制經、讀經，還有釋經活動與道統傳承間的微妙關聯，也因而揭示清楚了。朱熹云：

> 夫堯、舜、禹，天下之大聖也；以天下相傳，天下之大事也。以天下之大聖，行天下之大事，而其授受之際，丁寧告戒不過如此，則天下之理豈有以加於此哉？自是以來，聖聖相承，若成湯、文、武之爲君，皋陶、伊、傅、周、召之爲臣，既皆以此而接夫道統之傳。若吾夫子，則雖不得其位，而所以繼往聖、開來學，其功反有賢於堯、舜者。然當是時，見而知之者，惟顏氏、曾氏之傳得其宗。及曾氏之再傳，而復得夫子之孫子思，則去聖遠而異端起矣。子思懼夫愈久而愈失其真也，於是推本堯、舜以來相傳之意，質以平日所聞父師之言，更相演繹，作爲此書，以詔後之學者。蓋其憂之也深，故其言之也切，其慮之也遠，故其說之也詳。其曰天命率性，則道心之謂也；其曰擇善固執，則精一之謂也；其曰君子時中，則執中之謂也。世之相後，千有餘年，而其言之不異，若合符節。歷

選前聖之書，所以提挈綱維、開示蘊奧，未有若是其明且盡者也。自是而又再傳，以得孟氏為能推明是書，以承先聖之統。及其沒，而遂失其傳焉。則吾道之所寄，不越乎言語文字之間，而異端之說日新月盛，以至於老、佛之徒出，則彌近理而大亂真矣。然而尚幸此書之不泯，故程夫子兄弟者出，得有所考，以續夫千載不傳之緒；得有所據，以斥夫二家似是之非。蓋子思之功於是為大，而微程夫子，則亦莫能因其說而得其心也。[5]

在這段篇幅頗長的文字裡，朱熹往前推說了聖君賢臣代代相傳「允執厥中」、「人心」、「道心」這類蘊涵人生至理的格言的境況，及孔子藉教育途徑以承繼聖道、開示後學的情形。要緊的是，朱熹的文字營造出這般的譜系圖像：由承接至道的視角觀看，往聖先賢傳遞大道的種種努力，不論是口頭語言的相授，抑或書本文字的教學，實為子思制作《中庸》的著經活動，提供了一個足以依循的至高典範，與可以取資的寶貴源泉；換由傳遞要道的角度來說，當子思為維繫道統傳承、而藉闡發先聖話語道理的方式完成《中庸》一書後，該部經典亦自然成為後代聖賢探曉至道的重要憑藉了。是以像處於諸子學說紛起之際的孟子，乃至生於佛老之說興盛已久世代的二程兄弟，在朱熹眼中，便皆是透過「因其說而得其心」的經學進路，方得接上那杳冥難曉的「先聖之統」。如是說來，聖道傳衍至宋代的史實，便證明了「吾道之所寄，不越乎言語文字之間」的

---

5 《朱熹集（七）》，卷76，頁3994~3995。

道理；而由此亦可使吾人瞭解，大道之傳承果真與制作、理解與詮說經籍語文的相關活動有著密不可分的關聯。

其實若嵌回有宋一代的學術環境裡，我們將發現極力復興儒學且亦有一定成就的宋儒們，大多曾究心於重新審視經學傳統的相關活動，[6]而居領導地位的理學大師，在經說上更多有獨到的見識（這點只要稍微注意理學家的著作，及其徵引經典語文的文章、話語便可得知）。值得一提的是，經典敏感度亦頗高的程頤，在〈明道先生墓表〉一文中，早便點出道統傳承與經學事業間的緊密聯繫，因他曾這般贊揚其兄程顥（1032~1085）的德業道：

> 周公沒，聖人之道不行；孟軻死，聖人之學不傳。道不行，百世無善治；學不傳，千載無真儒。無善治，士猶得以明夫善治之道，以淑諸人，以傳諸後；無真儒，天下貿貿焉莫知所之，人欲肆而天理滅矣。先生生千四百年後，得不傳之學於遺經，志將以斯道覺斯民。[7]

---

6 大體說來，興盛於宋代的那股審視經學傳統的風氣實起於中唐以後，其特色大抵乃是不再因循漢魏以來的經學成果，而以批判的精神指出歷來注疏的缺失、反省經典語文本身是否在傳承上出了謬誤，乃至重新進行詮釋經籍要旨的工作。關於其情況，清儒皮錫瑞（1850~1908）早有論述，見氏著，周予同注：《經學歷史》，臺北縣：漢京文化事業有限公司，1983年，頁220~221。又林慶彰先生亦有簡明的介紹，詳見氏著：《清初的群經辨偽學》，臺北：文津出版社，1990年，頁20~25。

7 宋‧程顥、程頤，王孝魚點校：《二程集（二）‧河南程氏文集》，北京：中華書局，1981年，卷11，頁640。

這即是說，明道一生的貢獻與價值，乃在揭明、重現泯滅已久的聖人之學，而這也促使聖人之道大明的盛況，將有可能再現於道德淪喪的世代裡。必得留心的是，曾與兄長朝暮相處的伊川，看出明道所以有此成就，實與其藉理解、詮說經籍，以體悟、闡明聖道的經學活動密切相關（故程頤方云：「先生生千四百年後，得不傳之學於遺經，志將以斯道覺斯民。」）；而對成長於儒學再度振奮起的新鮮空氣中、且深深贊同伊川學問的朱熹來說，他自然也洞察到了儒學振興活動與經學事業間的繫聯關係。是以朱熹不但能於三十四歲所寫的〈論語要義目錄序〉裡，道出「河南二程先生獨得孟子以來不傳之學於遺經，其所以教人者，亦必以是為務」[8]一類言語，且於晚年所作的〈中庸章句序〉中，朱熹更能藉由頗具慧見的追述性文字，將道統與經學間的緊密關係和盤托出。

　　總括來講，經由對先聖傳承至道的情況的深刻省察，朱熹發覺承接以至傳遞至道的過程，實與制作、理解及詮說經文一類經學活動有著密不可分的關係；換句話說，道統之維繫，顯然總得倚靠經學事業的推展方能順遂進行。又宋代先儒們藉著經學事業振興衰頹破弊的儒學、且重新接上隱微已久的先聖道統的情形，更促使朱熹深信經學大業的興廢，往往左右著道統能否順當傳承的狀況；換句話說，在朱熹的想法裡，經學事業確實與承繼、發揚往聖大道的道德踐履行為，有著至為根本的聯繫。

8　《朱熹集（七）》，卷75，頁3924。

第三節　經學事業作爲個人修身的指引

　　雖說經學事業在聖道傳繼的過程裡起著相當大的作用，然若進一步深究道統所以能流傳的基本緣由，我們赫然發現在理論層面上佔有絕對位置的，並非是那能體現道理的經典語文，而是人人均有的那顆能真切體悟至理、踐履大道的仁德之心。

　　《文集》收錄了〈讀余隱之尊孟辨〉這篇雜著，而在「李公《常語》上」這部分裡，朱熹寫下了這樣的言論：

> 孔子傳之孟軻，軻之死不得其傳，此非深知所傳者何事，則未易言也。夫孟子之所傳者何哉？曰仁義而已矣。孟子之所謂仁義者何哉？曰「仁，人心也；義，人路也」，曰「惻隱之心仁之端也，羞惡之心義之端也」，如斯而已矣。然則所謂仁義者，又豈外乎此心哉？堯、舜之所以為堯、舜，以其盡此心之體而已。禹、湯、文、武、周公、孔子傳之，以至於孟子，其間相望有或數百年者，非得口傳耳授，密相付屬也。特此心之體隱乎百姓日用之間，賢者識其大，不賢者識其小，而體其全且盡則為得其傳耳。雖窮天地、亙萬世，而其心之所同然，若合符節。[9]

---

[9] 《朱熹集（七）》，卷73，頁3825~3826。

這段文字原本旨在駁斥李覯（1009~1059）於《常語》裡，批評孟學不合王道且無法承接道統的看法，然當朱熹申明了孟學的精義為何、並證實孟子的確承繼了先聖至道的時候，如是的意涵也隨之浮顯出來了：在朱熹的思維裡，凡人皆稟有仁義之心乃是天經地義的事；而由道統相傳的角度來看，由於前代聖賢通常相隔久遠，以致根本沒法依賴口語來傳遞道理，是以至道所以能一直傳衍的關鍵，應在歷代聖賢對那顆「隱乎百姓日用之間」的仁義之心的重新體察、彰明之上。如此說來，能否將那「窮天地、亙萬世」的仁義之心完整開掘出來，顯然才是能否承繼道統的基礎所在（故朱子方云：「體其全且盡則為得其傳耳。」）；又人人心中均涵蘊著同樣的道德仁義這點，可說即是道統能不斷傳承的理論根基了。

　　行筆於此，我們心裡不禁起了這樣的疑問：既然道統承續的理論基石，乃在仁心本性的發掘上，那麼，朱熹在〈中庸章句序〉裡正式營構其所認可的道統時，卻為何要繞出去強調經學活動與道統傳承間的密切關聯，而不直接闡述前代聖賢在體察仁心本性上的努力呢？又朱熹極力彰顯經學事業在道德踐履進程裡的重要性這點，究竟蘊藏著怎樣的深義？面對這些難題，或許我們可從朱熹對理學開山祖周敦頤的評價裡，找到解決問題的線索。

　　朱熹於〈江州重建濂溪先生書堂記〉中，曾這麼評論濂溪於道統傳承上的關鍵地位。朱熹云：

> 道之在天下者未嘗亡，惟其託於人者或絕或續，故其行於世者有明有晦。是皆天命之所為，非人智力之所能及也。夫天高地下，而二氣五行紛綸雜糅，升降往來於其間，其

造化發育、品物散殊，莫不各有固然之理。而其最大者，
則仁、義、禮、智之性，君臣、父子、昆弟、夫婦、朋友
之倫是已。是其周流充塞，無所虧間，夫豈以古今治亂為
存亡者哉？然氣之運也，則有醇漓判合之不齊；人之稟
也，則有清濁昏明之或異。是以道之所以託於人而行於世
者，惟天所畀，乃得與焉，決非巧智果敢之私所能億度而
強探也。《河圖》出而八卦畫，《洛書》呈而九疇敘，而
孔子於斯文之興喪，亦未嘗不推之於天。聖人於此，其不
我欺也審矣。若濂溪先生者，其天之所畀而得乎斯道之傳
者與。不然，何其絕之久而續之易，晦之甚而明之亟也？
蓋自周衰，孟軻氏沒，而此道之傳不屬。更秦及漢，歷
晉、隋、唐以至于我有宋，聖祖受命，五星集奎，實開文
明之運。然後氣之漓者醇，判者合，清明之稟得以全付乎
人而先生出焉，不繇師傳，默契道體，建圖屬書，根極領
要。當時者見而知之，有程氏者，遂擴大而推明之，使天
理之微、人倫之著、事物之眾、鬼神之幽莫不洞然畢貫于
一，而周公、孔子、孟氏之傳煥然復明於當世。有志之士
得以探討服行而不失其正，如出於三代之前者。嗚呼盛
哉！非天所畀，其孰能與於此？[10]

乍讀之下，朱熹這段話語當然是在稱頌濂溪於傳續道統上的重要貢
獻；然若仔細品味該段立基於宇宙論框架上的敘述，吾人將發覺這
篇文章與其說是在讚賞濂溪重新揭明至理的偉大，不如說是在感歎

---

[10] 《朱熹集（七）》，卷78，頁4073~4074。

天道的微妙與崇高：藉由天理之明晦實取決於大道自行之運作這觀念的澄清，朱熹以爲至道再度揭曉的真正關鍵，實在大化流行是否開得出光明的世代、乃至能否生育出資質清明的人才這兩點上；而文化昌明的大宋朝代與周敦頤這號大儒，顯然正是天道欲再次興盛所屬託的時代與人物。那照這情形看來，儒者想要擁有如濂溪般「不繇師傳，默契道體」的本事，不也成了可欲不可求的事了；是以吾人當可說此段文字似透露出如是的訊息，那就是對非如聖賢般爲「天所界」的常人而言，欲憑藉自身的資質以體察本心、闡揚至理，乃至承續先聖道統，大抵乃是難上加難的事了。[11]

　　回到正題上來，我們將察覺正是基於眾人無法擁有如先聖般的清明資質這實際層面的問題，方促使朱熹特別著意於經聖賢體道之

---

[11]若以人類學的觀點來考察「聖」字的原始意涵，我們便發現該字所指稱的人，實有種能洞悉神喻或天命的神聖特質，而這類人本來就是不世出的。文字學者許進雄先生曾這般說道：「甲骨文的聖字，是一個有大耳朵的人在一張嘴之旁，表示此人有聰敏的聽力以聆聽口所發出之聲音。在較早的時代，此人所傾聽的聲響可能是野獸的步聲。但在較進化的時代，所聽到的就可能是神的指示了。在以狩獵維生或野獸出沒的時代，敏銳的聽力是種很重要的保命及獵取食物的機能。能夠偵察野獸出沒地點及時機，自然增加狩獵的效果，容易在同伴中取得信賴及欽佩，成眾所信服的領袖人物。至於能聽到神的無形指示，在到處充滿神秘不解的時代，能夠與神交通而得到趨吉避兇的指示，自是眾人全心信賴而成領袖的人選。所以聖字的初義是才能遠超常人的人。」（許進雄：《中國古代社會——文字與人類學的透視》，臺北：臺灣商務印書館，1990年，頁22）在此先不討論許先生對狩獵時期早於神話時期的預設是否恰當。至少我們能看出，「聖」字的原始意義與神諭、天命一類神秘現象是分不開的。換句話說，聖人乃是能機敏洞察天道的特殊人物，而這類才能遠超常人的人，顯然絕非常人所能比擬。

心所道出的經典語文在啓發個人道德上的重要性這課題；而就在此刻，讀經工夫的關鍵地位便逐漸爲朱熹所認可了。故在詮說《中庸》裡「天命之謂性，率性之謂道，修道之謂教」這頭三句話語時，朱熹如是整全詮說了其中的深旨（而非如一般儒者只著重發揮前二句的意思）：

> 命，猶令也。性，即理也。天以陰陽五行化生萬物，氣以成形，而理亦賦焉，猶命令也。於是人物之生，因各得其所賦之理，以為健順五常之德，所謂性也。率，循也。道，猶路也。人物各循其性之自然，則其日用事物之間，莫不各有當行之路，是則所謂道也。修，品節之也。性道雖同，而氣稟或異，故不能無過不及之差，聖人因人物之所當行者而品節之，以為法於天下，則謂之教，若禮、樂、刑、政之屬是也。蓋人之所以為人，道之所以為道，聖人之所以為教，原其所自，無一不本於天而備於我。學者知之，則其於學知所用力而自不能已矣。故子思於此首章發明之，讀者所宜身體而默識也。[12]

這段釋文最引人矚目的地方乃是，除了闡明人生於世皆有所稟受之性理（即仁義禮智信一類珍貴德性）、與所當行之正道外（即在實際人世裡總能依憑性理去行事），朱熹特別申論了先聖爲使「氣稟或異」的眾人均能開掘本性、爲所當爲而制定出的「禮、樂、刑、

---

[12] 宋・朱熹：《四書章句集注・中庸章句》，臺北：長安出版社，1990年，頁17。

政」一類典章制度，實如天賦之性理與當行的人生道路般，同為
「無一不本於天而備於我」的事，亦即同樣是符合天道、且為吾人
本分所當究心的事情。這麼一來，領會聖賢文制、以及將「禮、
樂、刑、政」化為語文呈現的儒家經典的意涵，自然便成了吾人成
德歷程上必得用心的修為（尤其是對資質不甚美好的眾人來說），
而絕非什麼外加的工夫了。是以當在詮釋《中庸》「致中和，天地
位焉，萬物育焉」這與宇宙脈動全然合一的道德至境時，朱熹乃以
「此學問之極功、聖人之能事，初非有待於外，而修道之教亦在其
中矣」[13]數語說解之，其刻意強調「修道之教」實為體道、明道進
程中所不可或缺的內向修持工夫的心思——這是種藉由聖賢文制乃
至經典語文以「品節」凡人身心、使之趨於完美的工夫進路，可謂
亦明白彰顯出來了。[14]

　　有意思的是，朱熹於〈困學恐聞編序〉裡道出了這樣的話語：

---

[13]《四書章句集注・中庸章句》，頁18。
[14]朱熹曾說過這樣的話語：「氣雖是理之所生，然既生出，則理管他不
得。如這理寓於氣了，日用間運用都由這箇氣，只是氣強理弱。譬如大禮
赦文，一時將稅都放了相似，有那村知縣硬自捉縛須要他納，緣被他近
了，更自叫上面不應，便見得那氣麤而理微。又如父子，若子不肖，父亦
管他不得。聖人所以立教，正是要救這些子。」（宋・黎靖德編，王星賢
點校：《朱子語類（一）》，北京：中華書局，1994年，卷4，頁71）這
便點出在氣化形成的實際世界中，總有許多不合理的事亦隨之生成，這
時，也惟有倚靠聖賢所立的文制或典籍，方能重現理想世界應有的樣貌。
由此可見正是基於現實世界裡人事的不甚完美，聖人教化的重要性才得以
突顯。

> 孔子曰：「生而知之者，上也；學而知之者，次也；困而
> 學之，又其次也；困而不學，民斯為下矣。」夫生知者，
> 堯、舜、孔子也。學知者，禹、稷、顏回也。困也者，行
> 有不得之謂也。知其困而學焉，以增益其所不能，此困而
> 學之之事也，亦以卑矣。然能從事於斯，則其成猶不在善
> 人君子之後；不能從事於斯，則靡然流於下民而不知反。
> 均之困耳，而二者相去之間如是之遠，學與不學之異耳，
> 可不懼哉！可不懼哉！予嘗以「困學」名予燕居之室，而
> 來吾室者亦未嘗不以此告之。目其雜記之編曰《困學恐
> 聞》，蓋又取夫子路「有聞未之能行，惟恐有聞」之意，
> 以為困而學者，其用力宜如是也。讀是書者，以下民為憂
> 而以未能行其所聞為恐，則予將取以輔吾仁焉。[15]

言下之意，朱熹大抵以為常人若想提升自我生命、乃至上接堯、
舜、禹、稷、孔子、顏回等往聖先賢的崇高成就，唯一的出路，顯
然就在持續且窮盡心力的學習途徑上了。[16]而朱熹以「困學」二字

---

[15] 《朱熹集（七）》，卷75，頁3928~3929。

[16] 在弟子請教《論語》首句「學而時習之」的意旨時，朱熹如是答道：
「今且理會箇『學』，是學箇甚底，然後理會『習』字、『時』字。蓋人
只有箇心，天下之理皆聚於此，此是主張自家一身者。若心不在，那裡得
理來！惟學之久，則心與理一，而周流泛應，無不曲當矣。且說為學有多
少事，孟子只說『學問之道，求其放心而已矣』。蓋為學之事雖多有頭
項，而為學之道，則只在求放心而已。心若不在，更有甚事！」（《朱子
語類（二）》，卷20，頁446~447）由此可知，朱熹相信經由學習的過
程，人將有可能喚醒本心、乃至將心中本有之理完全開掘出來。

命名「燕居之室」、且將讀書雜記稱爲《困學恐聞》等作爲，亦在在表露出其警惕自我努力向學的用心是何等深刻。

更深入地說，爲使「學習」這切合常人資質、且可讓人脫離庸碌境況的體道、明道進路能爲眾人所知曉，朱熹一方面繼續論說了語言文字在傳道上的優先性，另方面則申明了讀書在修道過程裡的重要性（當然這裡所指的語文與所讀的書，最好就是蘊涵至理的儒家經典）。而關於前者，朱熹在詮釋《論語》「子以四教：文、行、忠、信」一語的涵意時，曾作過如是的發揮：

> 「文、行、忠、信」，如說事親是如此，事兄是如此，雖是行之事，也只是說話在。須是自家體此而行之方是行，蘊之於心無一毫不實處，方是忠信。可傳者只是這文。若「行、忠、信」，乃是在人自用力始得。雖然，若不理會得這箇道理，不知是行箇甚麼，忠信箇甚麼，所以文爲先。如「入孝，出弟，謹信，汎愛，親人」，非謂以前不可讀書。以前亦教他讀書，理會許多道理。但必盡得這箇，恰好讀書。[17]

這段話語乃是由教育眾人的角度論說。於此朱熹一則強調，語文所載的道理必得經由吾人之體察與實踐才能真正彰明於世；再則指出也只有憑藉語言文字的持存功能，一切至理要道方能永續傳承，以

---

[17] 《朱子語類（三）》，卷34，頁894。

致讓後世君子總有陳跡可循以追述前聖大道。[18]如此一來，語言文字在教化上的優先地位，大致便被朱熹確立了。此外，朱熹又曾說道：「『文、行、忠、信』。教不以文，無由入。說與事理之類，便是文。小學六藝，皆文也。」[19]這精要的話語除再次點出語文於傳遞聖道層面上的優先性外，朱熹更明確指出像「小學六藝」等「說與事理」的文字，即是能承擔上述重任的特殊語文；這麼說來，儒家經籍便理所當然地成為各世代的人們皆當盡心理會的神聖寶典了。

　　至於先聖遺留的話語對個人道德的啟發性方面，朱熹說過這樣的話語：

> 而今人只管說治心、修身。若不見這箇理，心是如何地治？身是如何地修？若如此說，資質好底便養得成，只是箇無能底人；資質不好，便都執縛不住了。傳說云：「學於古訓乃有獲。事不師古，以克永世，匪說攸聞。」古訓何消讀他做甚？蓋聖賢說出，道理都在裡，必學乎此，而後可以有得。又云：「惟學遜志，務時敏，厥修乃來。允懷於茲，道積於厥躬。惟斅學半。念終始典於學，厥德修罔覺。」自古未有人說「學」字，自傳說說起。他這幾

---

[18]朱熹曾這麼說過：「人之為學，也是難。若不從文字上做工夫，又茫然不知下手處；若是字字而求，句句而論，不於身心上著切體認，則又無所益。」（《朱子語類（二）》，卷19，頁435）這段話語乃是由儒者修身的視角著眼，而朱熹於此，仍是同時申明由閱讀語文入道，與必得真切體悟、踐履書中道理的重要性。

[19]《朱子語類（三）》，卷34，頁895。

句，水潑不入，便是說得密。若終始典於學，則其德不知不覺自進也。[20]

在這奠基於殷賢臣傅說之語言上的文字裡，朱熹申論了閱讀古訓或典籍對所有人的重要性。朱熹以為：即使對可依憑己力開掘本心仁性的資質優異者來說，若未曾經由紮實的學習工夫，想在艱辛的修身歷程裡上達舉措合宜的理想境地其實是極困難的；[21]又對資質平庸、且甚至低下的眾人而言，相較於憑藉己力直接「治心、修身」的體道進路的危殆不安（此進路在朱熹看來，總易導向身心「執縛不住」的困局），關注並確切領會往聖語文精義以昇華自我生命的學習過程，顯然便成了修道入德最適切的道路了。而朱熹曾云：「未知學問，此心渾為人欲。既知學問，則天理自然發現，而人欲漸漸消去者，固是好矣。然克得一層，又有一層。大者固不可有，

---

[20]《朱子語類（一）》，卷9，頁153。

[21]《朱子語類》中正錄有這樣的話語——如舜之命契，不過是欲使「父子有親，君臣有義，夫婦有別，長幼有序，朋友有信」，只是此五者。至於後來聖賢千言萬語，只是欲明此而已。這個道理，本是天之所以與我者，不為聖賢而有餘，不為愚不肖而不足。但其間節目，須當講學以明之，此所以讀聖賢之書，須當知他下工夫處。且如《論語》相似：讀「學而時習之」，須求其所謂學者如何？如何謂之時習？既時習，如何便能說？「有朋自遠方來」，朋友因甚而來自遠方？我又何自而樂？須著一一與他考究。似此用工，初間雖覺得生受費力，久後讀書甚易為工，卻亦濟事。（《朱子語類（一）》，卷14，頁269~270）這便指出縱然天理具存於人們心中，但唯有透過切實的讀經過程以體察聖賢「下工夫處」、以及道德踐履進程裡的繁複「節目」，吾人方能真切瞭解體道、明道歷程的艱困處。如此一來，儒者欲上達聖賢境地的崇高理想才有實現的可能。

而纖微尤要密察！」[22]這便將讀書做學問視爲是銷融私欲、復明天理的必要工夫了；朱子又云：「萬事皆在窮理後。經不正，理不明，看如何地持守，也只是空。」[23]這話語更可看作是朱熹聲明讀書治經於體道、明道過程中的絕對地位的嚴正宣言了！

　　值得注意的是，《朱子語類》載有一段朱熹追憶其爲學經歷的言語。該文云：

> 某年十五六時，亦嘗留心於此（指禪學而言）。一日在病翁（即朱子少年時之老師劉屏山）所會一僧，與之語。其僧只相應合了說，也不說是不是；卻與劉說，某也理會得箇昭昭靈靈底禪。劉後說與某，某遂疑此僧更有要妙處在，遂去扣問他，見他說得也煞好。及去赴試時，便用他意思去胡說。是時文字不似而今細密，由人粗說，試官為某說動了，遂得舉。【原注：時年十九。】後赴同安任，時年二十四五矣，始見李先生（即李侗）。與他說，李先生只說不是。某卻倒疑李先生理會此未得，再三質問。李先生為人簡重，卻是不甚會說，只教看聖賢言語。某遂將那禪來權倚閣起。意中道，禪亦自在，且將聖人書來讀。讀來讀去，一日復一日，覺得聖賢言語漸漸有味。卻回頭看釋氏之說，漸漸破綻，罅漏百出！[24]

---

22 《朱子語類（一）》，卷13，頁225。

23 《朱子語類（一）》，卷9，頁152。

24 《朱子語類（七）》，卷104，頁2620。

朱子早年出入佛老，而後因李侗的影響方歸返儒學，此乃眾所皆知的公案。然由對禪意頗有領會的生命形態轉為後來的一代醇儒，依朱熹的回憶，乃是閱覽經典而「覺得聖賢言語漸漸有味」後方才產生的微妙變化。由此看來，朱熹一生的修道歷程本身，便證實了讀經有成必將生發生命質變的神妙情境，亦即品味經旨總將指向個人德性的啟發、乃至上接往聖先賢的大道。那麼，有此切身經驗的朱熹，所以如是申明經學事業在體道、明道及傳繼聖賢道統上的重要地位，便也是極為自然的事了。[25]

　　說到這兒，我們應可獲得這樣的看法：在朱熹的思維裡，人當然可以依憑己身的資質與能力，以體察、開發本有的仁心本性，乃至發揚至理、承繼道統。然在現實境況中，人所稟受的資質通常不甚美好，這便導致藉理會、品味經意以提升生命境地的經學事業，自然成為朱熹倚重且身體力行的修身進路了。又由讀經入道的親身經驗，亦促使朱熹更加相信唯有透過經典語文的啟發，那人人所當行的人生大道才會明晰浮現出來；而這即表示，滿溢至理的先聖語文確實是君子體道、明道歷程裡不可缺少的要角。

---

[25] 有趣的是，李侗自身入道的經歷恰也是由讀經工夫展開的。對此，朱熹於〈延平先生李公行狀〉裡曾這麼記載：「（先生）既冠，遊鄉校有聲稱。已而聞郡人羅仲素先生（即程門後學羅豫章）得河洛之學於龜山楊文靖公之門，遂往學焉。羅公清介絕俗，雖里人鮮知之。見先生從遊受業，或頗非笑。先生若不聞，從之累年，受《春秋》、《中庸》、《語》、《孟》之說，從容潛玩，有會於心，盡得其所傳之奧。羅公少然可，亟稱許焉。」（《朱熹集（八）》，卷97，頁4984）可見李侗亦是由玩味經旨有成後方得以領會大道、乃至承接道統。如此說來，其指點朱熹時所以會由讀經入手，便也是親身經歷所產生的影響了。

最後，且讓我們看看朱熹於〈答孫敬甫〉一信中，所道出肺腑之言：

> 前書所謂世道衰微，異言蝟出，其甚乖剌者固已陷人於犯
> 刑受辱之地，其近似而小差者，亦足使人支離繳繞而不得
> 以聖賢為歸。岐多路惑，甚可懼也。願且虛心徐觀古訓，
> 句解章析，使節節通透，段段爛熟，自然見得為學次第，
> 不須別立門庭，固守死法也。[26]

在體道、明道的實際過程裡，朱門弟子孫自修對修身進路上聖賢大道不明、異端歧路又多的情況，顯然有真切的體悟與深層的困惑。而接到自修書信的朱子，乃以提攜晚輩的話語，誠摯建議弟子姑且經由虛心讀經的路途來探明道理；因為朱熹深深相信，只要藉由紮實的讀經工夫，亦即讀至「通透」、「爛熟」而與典籍至理全然融合的境地，吾人必能接上聖賢大道，而不至走失於那「岐多路惑」的迷霧中。

第四節　經學事業作為傳續道統　　　　與教化世代的通道

---

[26]《朱熹集（六）》，卷63，頁3304。

　　藉由前節的論述，我們大抵已能瞭解在朱熹的思維裡，人多得透過經籍語文的啟發與開示，方能順利地體察本心仁性、乃至承接光明的先聖道統。又這情況也意味著，涵泳玩味經典意蘊的讀經歷程本身，即是君子修身養性的道德踐履工夫，而絕非只是汲取客觀知識的知性行為。那麼在本節中，我們該來陳說在朱熹眼裡，注釋、詮解典籍語文這經學事業的另個面向，和儒者具體的人生實踐有何密切關係了。

　　在四十三歲完成《論孟集義》一書時，朱熹在序文（即〈論孟集義序〉）裡道出了一段有意思的話語。該文云：

> 《論》、《孟》之書，學者所以求道之至要，古今為之說者，蓋已百有餘家。然自秦、漢以來，儒者類皆不足以與聞斯道之傳。其溺於卑近者，既得其言而不得其意；其騖於高遠者，則又支離蹐駁，或乃并其言而失之，學者益以病焉。宋興百年，河洛之間，有二程先生者出，然後斯道之傳有繼。其於孔子、孟子之心，蓋異世而同符也。故其所以發明二書之說，言雖近而索之無窮，指雖遠而操之有要，使夫讀者非徒可以得其言，而又可以得其意；非徒可以得其意，而又可以并其所以進於此者而得之。其所以興起斯文，開悟後學者，可謂至矣。[27]

在這段綜論歷代注疏《論》、《孟》的著作的文字中，朱熹特別推崇了程顥、程頤兄弟的經說。究其緣由，大抵是基於兩個原因：首

---

[27]《朱熹集（七）》，卷75，頁3944。

先，在先聖之旨隱晦已久的狀況下，二程依憑對聖賢心思的真切感通，成功闡明了孔孟話語的精義所在，這便促使斷絕已久的往聖至道得以重新延續；其次，也正由於程氏兄弟在詮說經旨方面有此成就，方使得後代學者都能經由其經說的適切幫助，以領會往聖大道、乃至興發道德而有所作爲。這麼說來，能藉由經注一并「興起斯文」與「開悟後學」這兩點，即是朱熹所以稱揚二程的理由了。

拉回本節的課題，我們發現既然優異的經說，往前能申明先聖之道、往後對後代學者的道德修養又總有所啓示，是以詮說經文的工作，自然便成了儒者承繼道統（且甚至將使道統的內涵更加豐厚）的具體修爲了。而朱熹於〈中庸章句序〉末尾便曾說道：

> 蓋子思之功於是爲大，而微程夫子，則亦沒能因其說而得其心也。惜乎其所以爲說者不傳，而凡石氏之所輯錄，僅出於其門人之所記，是以大義雖明而微言未析。至其門人所自爲說，則雖頗詳盡而多所發明，然倍其師說而淫於老、佛者亦有之矣。

> 熹自蚤歲，即嘗受讀而竊疑之，沉潛反復，蓋亦有年。一旦恍然似有以得其要領者，然後敢會眾說而折衷之。既爲定著《章句》一篇，以俟後之君子，而一二同志復取石氏書，刪其繁亂，名以《輯略》，且記所嘗論辨取舍之意，別爲《或問》，以附其後。然後此書之旨支分節解，脈絡貫通，詳略相因，巨細畢舉。而凡諸說之同異得失，亦得

以曲暢旁通而各極其趣。雖於道統之傳不敢妄議，然初學
之士或有取焉，則亦庶乎行遠升高之一助云爾。[28]

朱熹於此先交代了其注解《中庸》的理由，那就是：縱使二程對
《中庸》的詮說頗能發揚子思原意，然由於其話語未能完整保留下
來（所留下的，只是朱熹講友石墩於《中庸集解》裡收錄的部分話
語而已），再加上程氏後學的說解，漸有「倍其師說而淫於老、
佛」的弊端，這便促使朱熹有重新詮釋《中庸》意旨的必要。而使
人留心的是，朱熹滿懷自信地指出，透過其涵泳經義、折衷眾說所
完成的《章句》、刪定石墩蒐集先輩經說之《集解》所編纂出的
《輯略》，[29]以及論說取捨前賢說法之緣由的《或問》，非但將使
《中庸》原文各層面的意蘊得到「章節分明然宗旨清晰」、「詳簡
配合且綱目兼備」的闡發（即能將經文各個面向的意義整全道說出
來），且亦使得前賢各式經說的慧見得以全然揭曉（當然前說的失
當處，也會因而暴露）。如是一來，朱熹於文末，雖謙稱己之經說
或能幫助「初學之士」打定探索先聖至道的根基，然其深信藉由
《章句》等著作得以承繼聖賢道統的信心——亦即依憑經注得以
「興起斯文」、以致「開悟後學」的旺盛信念，大抵也整個浮顯出
來了。[30]

---

[28]《朱熹集（七）》，卷76，頁3995~3996。

[29]石墩所編的《中庸集解》，錄有周敦頤、程顥、程頤、張載，乃至呂大
臨、謝良佐、游酢、楊時、侯仲良、尹焞等理學家的經說，而這部書籍對
朱熹注疏《中庸》的過程有相當大的助益。

[30]朱熹在論及其收錄諸家經說所編成的《論孟精義》（後改名為《集
義》）時，曾經說過：「讀書考義理，似是而非者難辨。且如《精義》

　　進一步說，在朱熹看來，注經工作其實早已涉及經世濟民一類
儒者肩負的天職本業，而絕不止於傳接、光大聖賢道統而已。對此
情形，我們或可由《朱子語類》裡的這段饒富意味的對話談起。該
文云：

> 問：「學者講明義理之外，亦須理會時政。凡事當一一講
> 明，使先有一定之說，庶它日臨事，不至牆面。」曰：
> 「學者若得胸中義理明，從此去量度事物，自然泛應曲
> 當。人若有堯、舜許多聰明，自做得堯、舜許多事業。若
> 要一一理會得，則事變無窮，難以逆料，隨機應變，不可
> 預定。今世文人才士，開口便說國家利害，把筆便述時政
> 得失，終濟得甚事！只是講明義理以淑人心，使世間識義
> 理之人多，則何患政治之不舉耶！」[31]

於文中，提問的弟子以爲儒者於修身養性之餘，亦須多少涉獵時事
政務，如是當來日投入政事時，便能即刻上手而有所發揮。朱子雖
不反對是類意見，但他更根本地指出爲政有成的真正關鍵，乃在心

中，惟程先生說得確當。至其門人，非惟不盡得夫子之意，雖程子之意，
亦多失之。今讀《語》、《孟》，不可便道《精義》都不是，都廢了。須
借它做階梯去尋求，將來自見道理。知得它是非，方是自己所得處。」
（《朱子語類（二）》，卷19，頁442）這便指出雖然前賢經解或有失當
處，但對讀者來說，這些說法仍多有所啓發、且將促使讀者確切掌握經籍
至理。是以朱子編纂是類書籍以供學者閱覽（包括《中庸輯略》與《中庸
或問》在內），其實也算是注經事業的重要工作。
[31] 《朱子語類（一）》，卷13，頁237。

中本具之仁德的開掘上，因唯有重新彰明那足以感通世間萬理的仁心，儒者才能適切因應繁雜多變的局勢。於是底下話鋒一轉，朱熹批評時人好論時政實則於事無補的窘況，進而主張不如闡明至理以普遍興發眾人德性，反有助於政治之趨於美好。那麼依理推說，我們當可想見講明經籍義理以美化眾人心性的注經事業，在朱熹的思維裡當可等同實際的政務職事了。[32]

　　碰巧的是，就在朱熹作〈中庸章句序〉以申明經學事業與道統傳承的關聯之際，〈大學章句序〉這篇陳說經學事業與政治實務間的聯繫的文字，也於稍早完成了。[33]在該序文裡，朱熹開宗明義說明了《大學》一書乃「古之大學所以教人之法」[34]的內容大要；緊接著，朱熹追述了三代盛世的學校教育，及在聖王教化下所成就的理想世界——那是個人人因學而「無不有以知其性分之所固有、職分之所當為，而各俛焉以盡其力」[35]的隆盛世代。之後，在先王業績的對照之下，朱熹寫下如是遺憾、甚至悲憤的話語：

---

[32]朱熹於詮說《論語》「為政以德」章時曾云：「政之為言正也，所以正人之不正也。」（《四書章句集注・論語集注》，卷1，頁53）而注釋經籍的宗旨即在「正人之不正」，故此工作當然可視為是從政的一種方式。

[33]據兩篇序文末尾的記年，〈大學章句〉成於「淳熙己酉（即孝宗淳熙十六年）二月甲子」（《朱熹集（七）》，卷76，頁3993），〈中庸章句序〉則寫於「淳熙己酉春三月戊申」（《朱熹集（七）》，卷76，頁3996），是以這兩篇文字是朱熹同期的作品，而其內容亦當相互參看。

[34]《朱熹集（七）》，卷76，頁3991。

[35]《朱熹集（七）》，卷76，頁3992。

及周之衰，賢聖之君不作，學校之政不修，教化陵夷，風
俗頹敗。時則有若孔子之聖，而不得君師之位以行其政
教，於是獨取先王之法，誦而傳之，以詔後世。若〈曲
禮〉、〈少儀〉、〈內則〉、〈弟子職〉諸篇，固小學之
支流餘裔。而此篇者，則因小學之成功以著大學之明法，
外有以即極其規模之大，而內有以盡其節目之詳者也。三
千之徒，蓋莫不聞其說，而曾氏之傳獨得其宗，於是作為
傳義，以發其意。及孟子沒，而其傳泯焉，則其書雖存，
而知者鮮矣。自是以來，俗儒記誦詞章之習，其功倍於小
學而無用；異端虛無寂滅之教，其高過於大學而無實。其
他權謀術數，一切以就功名之說，與夫百家眾技之流，所
以惑世誣民、充塞仁義者，又紛然雜出乎其間，使其君子
不幸而不得聞大道之要，其小人不幸而不得蒙至治之澤，
晦盲否塞，反覆沈痼，以至五季之衰而壞亂極矣。[36]

同樣是追述性質的文字，朱熹於此敘說了當周室衰微、一切官方教
化活動亦隨之止歇時，先儒們乃轉由記述、傳習聖王教育體制及其
內涵的方式，以維繫聖賢道統、乃至欲促使時代再度趨向光明；而
〈曲禮〉、〈少儀〉、〈內則〉、〈弟子職〉、及《大學》的制作
與講授（除〈弟子職〉收於《管子》外，其餘篇章皆存於《禮記》
中），即是當時儒者的具體業績。只是這依憑經學事業以傳承、申
明至道的活動，在孟子後也慢慢凋零了，這便導致此後的儒生，逐
漸將生命重心轉至「記誦詞章之習」與「虛無寂滅之教」一類於道

---

[36]《朱熹集（七）》，卷76，頁3992~3993。

無補的事業上頭，是以像五代那「其君子不幸而不得聞大道之要，其小人不幸而不得蒙至治之澤」的昏亂時代，才會在歷史上出現。由此看來，人類文明的淪喪在朱熹的思維裡，實與經學事業的頹廢有著至為根本的關聯。[37]

在詮說《中庸》「中庸其至矣乎！民鮮能久矣」一語的涵意時，朱熹曾道出「世教衰，民不興行，故鮮能之，今已久矣」[38]這樣的話語；那反過來說，當世教因經學事業的振興而大行於世之時，民眾普遍興發德性的理想世代或許即可再現了，而〈大學章句序〉的末段言語，正表述出這樣的看法。該文云：

> 天運循環，無往不復。宋德隆盛，治教休明，於是河南程氏兩夫子出，而有以接乎孟氏之傳，實始尊信此篇而表章之。既又為之次其簡編，發其歸趣，然後古者大學教人之法、聖經賢傳之旨粲然復明於世。雖以熹之不敏，亦幸私淑而與有聞焉。顧其為書，猶頗放失，是以忘其固陋，采而輯之。間亦竊附己意，補其闕略，以俟後之君子。極知

---

[37]若從一般經學史的立場來看，漢魏至隋唐的經學發展當然不能以頹靡不振來稱說之。只是朱熹於此，是站在是否把捉到聖道的角度立說，是以方不承認前代經學的成就。朱熹於〈謁修道州三先生祠文〉裡曾說道：「於皇道體，泂漠無窮。羲、農既遠，孔、孟為宗。秦、漢以還，名崇實否。文字所傳，糟粕而已。大賢起之，千載一逢。兩程之緒，自我周翁。」（《朱熹集（八）》，卷86，頁4445）這便透顯出在朱熹眼裡，秦、漢至周敦頤與二程前的儒者，在傳經時實未得文字的深旨，是以這段時期的經學業績顯然不算合格。

[38]《四書章句集注・中庸章句》，頁19。

　　　　僭越，無所逃罪。然於國家化民成俗之意，學者修己治人
　　　　之方，則未必無小補云。[39]

這即是說，生於治世、且亦接上了先聖道統的程氏兄弟開始專力修
治《大學》一書，這便促使書中所蘊藏的「修己」、「化民」之道
得以彰明於世。而重要的是，朱熹自謂當己身亦投入詮釋《大學》
意旨的神聖工作時，其成果或當有助於傳承道統，乃至感化眾人、
重現三代盛世，亦即將促成那人人「無不有以知其性分之所固有、
職分之所當爲，而各俛焉以盡其力」的理想世界有幸再度浮現。如
是說來，詮釋經籍的治經事業，果真是朱熹擔負經世濟民重責的一
條特殊進路。[40]

---

[39]《朱熹集（七）》，卷76，頁3993。

[40]朱熹晚年專務於《儀禮經傳通解》的編製。其體制大致分為「家禮」、
「鄉禮」、「邦國禮」，乃至「喪禮」、「祭禮」等類別，內容則以《儀
禮》為綱要，並將《禮記》及其它經史雜書的相關記載依類編入，而這部
巨著，大抵可視為是朱熹對典籍禮制的通盤詮解，故由較寬泛的角度來
看，這部書仍可視為是某種經注（此書朱子未親身完成，後由黃榦續
完）。朱熹曾說：「『禮，時為大。』使聖賢用禮，必不一切從古之禮。
疑只是以古禮減殺，從今世俗之禮，令稍有防範節文，不至太簡而已……
今所集《禮書》，也只是略存古之制度，使後人自去減殺，求其可行者而
已。若必欲一一盡如古人衣服冠履之纖悉畢備，其勢也行不得。」（《朱
子語類（六）》，卷84，頁2185）這段話語的重點，雖在說明一味奉行古
禮的不切實際，但文中朱熹欲藉《儀禮經傳通解》的編定以使時人行禮有
所依循的心意，乃顯露出此書的制作，實亦為朱熹經世事業的一個重要部
分；而由此更使吾人瞭解，朱熹的經學事業與儒者的從政本業是分不開
的。

　　回到朱熹的人生歷程來看，吾人將察覺到就是因為治經事業實為朱熹從政的一種特殊方式，是以能否擔任朝官要職以施展政治抱負這點，便不是朱熹所關心的事了。故於四十七歲寫的〈答韓尚書書〉中，朱熹曾云：

> 熹狷介之性，矯揉萬方而終不能回，迂疏之學，用力既深而自信愈篤，以此自知決不能與時俯仰，以就功名。以故二十年來自甘退藏，以求己志。所願欲者，不過修身守道，以終餘年，因其暇日，諷誦遺經，參考舊聞，以求聖賢立言本意之所在，既以自樂，間亦筆之於書，以與學者共之，且以待後世之君子而已。此外實無毫髮餘念也。[41]

朱子此封書信，旨在申明其不欲為官的心志：於字句中，朱熹明確表白己之志向早在讀經以曉晤聖道、注經以闡揚至理一類經學事業上，除此之外，實已無它事值得盡心追求。又類似的想法，亦見於〈與袁寺丞書〉中，該書信云：

> 向來閒中私竊有所論著，自謂庶幾可以傳前聖之心，開後學之耳目，實非細事。今既來此，無復功夫可以向此，而衰困漸盡，與死為鄰，萬一溘然於此，則此事遂成千古之恨，非獨熹不瞑目而已也。[42]

---

[41] 《朱熹集（三）》，卷25，頁1073~1074。

[42] 《朱熹集（三）》，卷26，頁1089。

這封信作於朱子知南康軍時（時年五十），為辭去該職位的朱熹羅列了諸條理由，上述引文即為其中一條。而於文中，朱熹欲以承繼聖道、開示後學的經學事業取代實際政務的心念，可說更強烈地表達出來。究其緣由，大抵是因經學事業所將成就的宏偉業績，在朱熹眼中早已遠超過實際從事政務所能達到的吧！

　　總結本節來說，在朱熹的思維裡，闡發經典意涵的注經工作不但能將隱晦已久的聖賢至道重現於世，且就在此過程中，世人也總能透過經注的資助以普遍開掘本心、乃至明瞭至理；如此說來，詮說經旨的工作，當然便可視為是儒者承接道統、及經世濟民的具體作為了。而必當留意的是，當朱熹汲汲進行注經工作而不惜耗盡畢生心血時，一種能揭明世間至理、並促使時代趨於完美的重大事業也正在持續開展著，這便使吾人不得不對朱子的治經活動抱持崇高敬意了！

　　《語類》卷一百零四標題為「自論為學工夫」，其中錄有如斯的言語：

> 周敬王四十一年壬戌，孔子卒，至宋慶元三年丁巳，一千
> 六百七十六年。【原注：先生是年正旦，書於藏書閣下東
> 楹。】43

寧宗慶元三年朱熹已六十八歲，在生命已漸走向盡頭的前夕（朱子卒於七十一歲），朱子於藏書閣下楹柱，寫下意味如是豐富的紀年。而朱熹認可其終生行止足以承接孔子道統的心意，於此自然流

---

43 《朱子語類（七）》，卷104，頁2623。

露出來；之所以有此自信，蓋因朱熹對其畢生的學術業績——主要當然是在經學事業上，亦深感滿意吧！

第五節　小結

　　走筆至此，我們當可寫下如是的結語：在朱熹的想法裡，人生至理大抵蘊藏於流傳於世的典籍語文內，是以讀經理會經旨的活動，可說本身即為儒者開掘本心仁性的修身歷程；此外，將自身領悟化為注疏語文的釋經工作，非但將使往聖道統得以永續傳承，且就在闡揚經義的過程裡，被揭曉於世的經旨，亦將普遍興發人心、以致促使時代趨向光明美好的理想境地。這麼看來，讀經、釋經一類經學事業，實即為朱子體道、明道的具體實踐工夫，而絕不只是文士的筆上事務了！

　　末了，我們或該讀讀《論語》中兩則著名的論詩記載。其一出於〈八佾〉，該文云：

> 子夏問曰：「『巧笑倩兮，美目盼兮，素以為絢兮。』何謂也？」子曰：「繪事後素。」曰：「禮後乎？」子曰：「起予者商也！始可與言《詩》已矣。」[44]

---

[44] 《四書章句集注・論語集注》，卷2，頁63。

另一則乃載於〈學而〉，其文云：

> 子貢曰：「貧而無諂，富而無驕，何如？」子曰：「可
> 也。未若貧而樂，富而好禮者也。」子貢曰：「《詩》
> 云：『如切如磋，如琢如磨。』其斯之謂與？」子曰：
> 「賜也，始可與言《詩》已矣！告諸往而知來者。」[45]

在兩個對話語境中，孔子同樣以「始可與言《詩》已矣」來稱讚弟
子，只是這兩種情況恰好成為對舉：在頭個情境裡，子夏是由對詩
意的啓發、悟得「禮後乎」這陶冶本性先於外飾禮文的道理；而在
後種狀況中，子貢則是先領會了精益求精的道理，方轉引詩文以體
證所悟之理。有趣的是，存留於《論語》裡的這兩段古遠記載，實
揭明出如是的道理，那就是：一方面說，在個人成德的歷程裡，涵
蘊至理的先人話語，總對吾人心性有所啓示；另方面講，當吾人真
切理解某道理時，又往往會回身詮說先賢話語，乃至促使滿溢智慧
的語言傳統更加深化、豐潤。那麼，朱熹終生從事的經學事業，即
可視為是儒家此種智慧的延續與落實吧！

---

45 《四書章句集注・論語集注》，卷1，頁52~53。

第六章　結論

　　《朱子文集》錄有兩首因悟道而寫下的著名詩歌，它們是這麼道說的：

　　半畝方塘一鑑開，天光雲影共徘徊。問渠那得清如許？為有源頭活水來。

　　昨夜江邊春水生，蒙衝巨艦一毛輕。向來枉費推移力，此日中流自在行。[1]

二詩所呈顯的景象雖不相同，但朱熹同樣是藉由源源不息、流動無止的活水意象——或為清泉噴湧所形成的透徹池水，或為春日眾支流匯聚成的浩蕩江水，來體現自身與大化脈動合一時的那種「從心所欲，不踰矩」[2]的深刻感悟。使人留心的是，該二詩的詩題為

---

[1] 郭齊、尹波點校：《朱熹集（一）》，成都：四川教育出版社，1996年，卷2，頁90。

[2] 宋·朱熹：《四書章句集注·論語集注》，臺北：長安出版社，1990年，卷1，頁54。

「觀書有感」，這便告訴我們朱熹所以能達至該種修爲境地，實來自其深爲書籍語文感動時的閱讀經驗，亦即對語文精義真有會心領悟時，自家人格將可大幅成長，並趨向道德圓熟的境界。[3]如此說來，朱子所以那麼看重品味、詮說經籍語文的經學大業，且以之爲求道入德的主要徑途，倒的確是可以理解的事了。

---

[3] 此二詩的詩名異說極多。如《文集考異》云該二詩或名「雜詩」、「絕句」，又明朝人有謂此詩爲「詠方塘詩」的。暫且不論完全無法反映內容的「雜詩」或「絕句」等稱法，對「觀書有感」與「詠方塘詩」二名的優劣，陳榮捷先生曾如是論述道：「《文集》題〈觀書有感〉，洪波教授謂『朱熹把〈詠方塘詩〉改爲〈讀書有感〉』，孫平與方才則謂『編纂者將詩題改成了〈觀書有感〉』。兩說矛盾，無關重要。《文集》正集爲朱子季子在所編。若謂朱子自題〈觀書有感〉或朱在編書時用此題，均無不可，因朱在料必知其父作此詩之心情也。明人胡廣（1370~1418）等編《性理大全》時確用〈觀書有感〉。周汝登（1547~1629）之《聖學宗傳》亦然。崇禎乙亥（1635）朱熹八世孫朱欽刻碑正面書〈觀書有感〉絕句。以後理學專家李光地（1642~1718）之《朱子全書》，以及錢穆之《朱子新學案》與友枝龍太郎之《朱子之思想形成》均用〈觀書有感〉而不用〈詠方塘詩〉。用〈方塘詩〉乃始於王畿（1498~1583）與錢德洪（1497~1574）。然王、錢兩文（指王之〈瀫山書院記〉與錢之〈瀫山三賢祠記〉），尚未證實爲可靠。通用〈詠方塘詩〉者，乃近十年之事，蓋以針對某處有半畝方塘也。將寫心情之詩題改作寫景之詩題，即是移易此詩之中心思想。苟若解「方塘」爲一本書或「方寸心田」，則嫌太強。不如仍用〈觀書有感〉之爲愈也。《福建通志》明言「朱子觀書處」，又云〈朱子觀書詩〉，《尤溪縣志》稱「觀書第」。如是強調觀書，是則詩題爲〈觀書有感〉，蓋有由也。」（陳榮捷：〈論朱子〈觀書有感〉詩〉，鍾彩鈞編：《國際朱子學會議論文集（上冊）》，臺北：中央研究院中國文哲研究所籌備處，1993年，頁18~19）這便指出由各層面來講，「觀書有感」一名，都是較有根據且尤能體現朱熹作詩的心境。是以此二詩之寫作與閱讀經驗相關應是無庸置疑的。

　　談到這藉悠游於語文傳統中以感悟旁通世間至理的經學事業，經由前文立基於朱熹思維言行上的陳說，包括朱熹對經典與經學的想法、對經學在諸學科中首要位置的確立，以及其道德踐履行爲與經學活動間的關係等等，關於其特質，吾人大抵可以得到如下的看法：

　　首先是攸關經學學術架構的課題，我們發現在閱讀經籍方面，經學是門透過品味語文意蘊的方式、以真切興發吾人道德意識的體道進路；另外在詮釋經旨方面，經學則是將注家自身領悟化爲適切的注疏文字，以充分發揮經文本具的風化力量、並促使他人亦奮發向上的學問。又要緊的是，如是自明乃至明人的學術進路所以能形成，實奠基於這般的思維模式上：人是活在與萬物交相繫聯的動態網絡世界中，是以唯有經由切實感悟與事物本有關聯、理路的格致工夫，人才能重新喚醒本具的無窮感通力，以至上達與道同流、舉止得當的至高境地；而作爲大道之具象化、肉身化的經典語文，既包藏世間萬理、且亦涵有風化人心的神妙力量，那麼以開掘本心、闡明至理爲終身職志的君子們，當然可以（甚至是應該）把修道工夫聚焦於理解、詮釋典籍語文的經學事業上。

　　再來是涉及經學與其它學問的關係的問題。若與史學、子學與文學等學科相較，經學是門藉理解、詮釋先聖語文，以趨近人生至道的學問，而不同於透過歷史圖像的建構、論理文字的制作、乃至曼妙美文的經營以揭明道理的其它自創語文性格的學科。必得留心的是，史學、子學與文學在理論層面上，雖可促使士子尋著、發揚生命至理，一如治經所將產生的效果般；但在實踐層面上，這些自創性格學問的業績不是無法直接感悟人心，就是落到自申己見反悖

道愈遠的窘境中；又這情形，便導致經學這旨在虛心體會經義的詮說性格學問，自然成為歷來明道君子尤其倚重的學科，而經學於中國學術領域裡的優先地位也因此確立了。

最後由人生實踐的角度來看，治經活動其實已是儒者修道的具體工夫，而絕不只是紙筆間的末事：如就讀經來講，虔敬領會經旨的過程並非吸收知識的單純知性行為，而實即儒者洞曉本心仁性的修道工夫；另外，注經工作亦為明道君子承繼、充實往聖道統，乃至揭明大道於世的宏大事業。又由於這事業將有可能促成三代盛況重現於世，是以釋經活動實亦等同於經世濟民一類儒家外王事業。這麼說來，經學活動的推展，可說本身即是儒者體道、明道的紮實工夫，且亦是儒家己立立人、己達達人的神聖道德事業。

回溯到孔子師弟身上，我們不難看出經學的雛形，在當時就逐漸孕育出了。如孔門大弟子子夏曾說：「博學而篤志，切問而近思，仁在其中矣。」[4]這便指出那普存於人人心中、且足以感通萬物的仁德的喚醒與開掘，和學問思辨一類活動總有密切的關聯；此外，至聖先師孔子亦早道出「興於詩，立於禮，成於樂」[5]這引人遐思的洞見，這乃說明著人一生修道的歷程，無論是初領悟道理時，或已至立定己身的階段，抑或漸趨於修身圓滿的境地，實與體悟、詮說詩、禮、樂一類語文傳統（此處的語文是就廣義來說的）的行為有必然的聯繫。又重要的是，當前述孔門慧見流傳下去且正式開出經學學脈時，後代儒者——包括本文的主人翁朱熹在內——

4　《四書章句集注‧論語集注》，卷10，頁189。
5　《四書章句集注‧論語集注》，卷4，頁104~105。

便總在該學脈中陶冶、形塑自我人格，並以終生行止反過頭來豐潤
這源遠流長的經學傳統，而中國文化便是這麼傳衍下來的。

參考文獻

◎**說明**：本論文所列的參考文獻，限於與正文論述密切相關的朱熹基本材料，以及對筆者構思論題有相當幫助的著作與論文。

一、基本材料

（一）朱熹生平相關資料

《黃勉齋先生文集·朝奉大夫文華閣待制贈寶謨閣直學士通議大夫諡文朱先生行狀》 宋黃榦撰 北京 中華書局 1985

《朱子年譜》 清王懋竑纂訂 北京 中華書局 1985

《朱子門人》 陳榮捷著 臺北 臺灣學生書局 1982.3

《朱子書信編年考證》 陳來著 上海 上海人民出版社 1989.4

（二）朱熹著作

《朱熹集》 郭齊、尹波點校 成都 四川教育出版社 1996.10

《朱子語類》 宋黎靖德編 王星賢點校 北京 中華書局 1994.3

《詩集傳》 宋朱熹撰 香港 中華書局香港分局 1961.2

《四書章句集注》 宋朱熹撰 臺北 長安出版社 1990.2

二、朱熹研究著作

《心體與性體（三）》　牟宗三著　臺北　正中書局　1969.6

《朱子新學案》　錢穆著　臺北　三民書局股份有限公司　1989.11

《朱子哲學思想的發展與完成（增訂本）》　劉述先著　臺北　臺灣學生書局　1995.8

《朱子詩中的思想研究》　申美子著　臺北　文史哲出版社　1988.1

《朱子新探索》　陳榮捷著　臺北　臺灣學生書局　1988.4

三、其它中文書籍

（一）古代著作

《文選》　梁蕭統編　唐李善注　臺北　文津出版社　1987.7

《文心雕龍註》　梁劉勰撰　范文瀾註　香港　商務印書館香港分館　1986.7

《二程集》　宋程顥、程頤撰　王孝魚點校　北京　中華書局　1981.7

《經學歷史》　清皮錫瑞撰　周予同注　臺北縣　漢京文化事業有限公司　1983.9

（二）現代著作

《心體與性體（一）》　牟宗三著　臺北　正中書局　1968.5

《新編中國哲學史（三上）》　勞思光著　臺北　三民書局股份有限公司　1990.11

《美的歷程（新校本）》　李澤厚著　臺北　崑崙書店　1987.10序本

《解釋學簡論》　高宣揚著　臺北　遠流出版事業股份有限公司　1988.10

《文化符號學》　龔鵬程著　臺北　臺灣學生書局　1992.8

《中國古代思想中的氣論及身體觀》　楊儒賓編　臺北　巨流圖書公司　1993.2

《成聖之道——北宋二程修養工夫論之研究》　溫偉耀著　臺北　文史哲出版社　1996.10

《儒家身體觀》　楊儒賓著　臺北　中央研究院中國文哲研究所籌備處　1996.11

《地藏王手記——蔣年豐先生紀念集》　楊儒賓、林安梧編　嘉義縣　佛光大學南華管理學院哲學研究所　1997.6

四、外文翻譯書籍

《語言與神話》　恩斯特・卡西勒著　于曉等譯　張思明校閱　臺北　桂冠圖書股份有限公司　1998.2

《林中路》　馬丁・海德格著　孫周興譯　臺北　時報文化出版企業有限公司　1994.7

《走向語言之途》　馬丁・海德格著　孫周興譯　臺北　時報文化出版企業有限公司　1993.8

《詮釋學Ⅰ：真理與方法——哲學詮釋學的基本特徵》　漢斯—格奧爾格・迦達默爾著　洪漢鼎譯　臺北　時報文化出版企業有限公司　1993.10

《詮釋學》　帕瑪著　嚴平譯　張文慧、林捷逸校閱　臺北　桂冠圖書股份有限公司　1992.5

五、期刊及論文集論文

（一）期刊論文

〈知識與道德之辯證性結構——對朱子學的一些檢討〉　林安梧著　《思與言：人文與社會科學雜誌》第22卷第4期　1984.11　頁321~333

〈朱子對孟子知言養氣說的詮釋及其迴響〉　黃俊傑著　《清華學報》新18卷第2期　1988.12　頁305~343

〈品鑒人格氣象的解釋學〉　蔣年豐著　《東海學報》第31卷　1990.6　頁33~44

〈從「興」的觀點論孟子的詩教思想〉　蔣年豐著　《清華學報》新20卷第2期　1990.12　頁301~325

〈朱熹經典解釋方法論初探〉　慶甫著　《華中師範大學學報（哲社版）》1992年第3期　1992.3　頁102~107

〈馬浮經學思想的解釋學基礎〉　蔣年豐著　《東海學報》第33卷1992.6　頁155~165

〈中國經典解釋學研究芻議〉　周光慶著　《華中師範大學學報（哲社版）》1993年第2期　1993.2　頁113~118

〈朱熹的理氣論與詩文觀〉　張靜二著　《中外文學》第22卷第4期1993.9　頁88~121

〈朱子詠植物詩研究〉　張健著　《漢學研究》第11卷第2期　1993.12頁201~215

〈即物即理，即境即心──略論兩宋理學家詩歌對物與理的觀照把握〉張鳴著　《文學史》第3輯　1996.6　頁42~62

Characteristics of Chinese Hermeneutics Exhibited in the History of Mencius Exegesis（〈從孟學詮釋史論中國詮釋學之特質〉），HUANG Chun-chieh（黃俊傑）　《中國文哲研究集刊》第11期　1997.9　頁281~302

〈比較分析措詞、相互主體性與出入異文化──錢新祖先生對比較研究的另類選擇〉　鍾月岑著　《台灣社會研究季刊》第29期　1998.3　頁75~100

〈當代德國哲學及其處境──訪問德國現象學家克勞思‧黑爾德〉　羅麗君著　《當代》第133期（復刊第15期）　1998.9　頁64~76

〈從現象學意義的探源到世界的理解──克勞思‧黑爾德教授思想介紹〉汪文聖著　《當代》第133期（復刊第15期）　1998.9　頁77~85

〈從文以載道到文道合一〉　陳志信著　《鵝湖》第24卷第5期（總第281號）　1998.11，頁33~47

（二）論文集論文

〈人文研究〉　威廉‧狄爾泰著　李家沂譯　《文化與社會：當代論辯》傑夫瑞‧C‧亞歷山大、史蒂芬‧謝德門編　吳潛誠總編校　臺北縣　立緒文化事業有限公司　1997.9　頁40~51

〈殷代風之神話〉　斯維至著　《中國古代社會文化論稿》　臺北　允晨文化實業股份有限公司　1997.4　頁15~33（原載《中國文化研究彙刊》1948年第8卷）

〈《論語》論詩〉　張亨著　《思文之際論集──儒道思想的現代詮釋》臺北　允晨文化實業股份有限公司　1997.11　頁66~100（原載《文學評論》第6集　1980.5）

〈朱子的志業──建立道統意義之探討〉　張亨著　《思文之際論集──儒道思想的現代詮釋》　臺北　允晨文化實業股份有限公司　1997.11　頁285~349（原載《臺大中文學報》第5期　1992.6）

〈論朱子〈觀書有感〉詩〉　陳榮捷著　《國際朱子學會議論文集（上冊）》　鍾彩鈞編　臺北　中央研究院中國文哲研究所籌備處　1993.5頁11~20

〈中國古代儒家歷史思維的方法及其運用〉　黃俊傑著　《中國古代思維方式探索》　楊儒賓、黃俊傑編　臺北　正中書局　1996.11　頁1~34（原發表於「中國古代的思維方式」研討會　1994.1）

〈從「興」的精神現象論《春秋》經傳的解釋學基礎〉　蔣年豐著　《中國古代思維方式探索》　楊儒賓、黃俊傑編　臺北　正中書局　1996.11頁85~134（原發表於「中國古代的思維方式」研討會　1994.1）

〈從氣之感通到貞一之道──《易傳》對占卜現象的解釋與轉化〉　楊儒賓著　《中國古代思維方式探索》　楊儒賓、黃俊傑編　臺北　正中書局1996.11　頁135~182（原發表於「中國古代的思維方式」研討會1994.1）

〈試從黃宗羲的思想詮釋其文學視野〉　張亨著　《思文之際論集──儒道思想的現代詮釋》　臺北　允晨文化實業股份有限公司　1997.11　頁350~406（原載《中國文哲研究所集刊》第4期　1994.3）

〈朱子「格物致知」的現象學式解讀〉　蔡美麗著　《維納斯之變顏──理性與感性論文集》　臺北　允晨文化實業股份有限公司　1995.3　頁75~114

〈盡心與立命——從海德格基本存有論重塑孟子心性論的一項試探〉 袁保新著 《孟子思想的哲學探討》 李明輝編 臺北 中央研究院中國文哲研究所籌備處 1995.5 頁159~198

〈孟學思想「興的精神現象學」之下的解釋學側面——從馬浮論詩教談起〉 蔣年豐著 《孟子思想的哲學探討》 李明輝編 臺北 中央研究院中國文哲研究所籌備處 1995.5 頁259~282

〈《論語》中的一首詩〉 張亨著 《思文之際論集——儒道思想的現代詮釋》 臺北 允晨文化實業股份有限公司 1997.11 頁469~495（原載《臺大中文學報》第8期 1996.4）

附錄：朱子年譜要略

◎**說明**：由於本論文正文部分，是以論題的形式論述朱熹畢生的學術思想，許多相關生平資料也只能零星分散於各個章節。爲使朱熹的成學歷程能更清晰地展現——即使其思維言行的轉折或發展，能在時間軸上明白呈顯出，本文特摘錄錢穆《朱子新學案》裡的〈朱子年譜要略〉，[1]並在關鍵處加上筆者的補充。

高宗建炎四年庚戌（1130）秋九月，朱子生。

（紹興）四年甲寅（1134），五歲。始入小學。

十三年癸亥（1143），十四歲。丁父韋齋先生憂。韋齋年四十七。

稟遺命，受學於劉屏山彥沖，劉白水致中，胡籍溪原仲三人，皆韋齋故友。屏山字以元晦。白水以女妻之。而事籍溪最久。

---

[1] 該年譜原載錢穆：《朱子新學案（五）》，臺北：三民書局股份有限公司，1989年，頁411~420。

〇**補充**：朱熹的父親朱松，及其老師劉屏山、劉白水與胡籍溪，大抵均宗伊洛之學，且對道、釋之學亦多接觸。於政治立場上，四人均因反對秦檜的和議政策而遠離朝廷。在這些人的影響下，青少年的朱子雖立基於儒學的鑽研上，但亦不廢對其它學問的追求，特別是對釋、老的嚮往；又其力主復興中原的政治立場也大致立定了。

十四年甲子（1144），十五歲。葬韋齋。

十七年丁卯（1147），十八歲。舉建州鄉貢。

十八年戊辰（1148），十九歲。登科中第五甲第九十人，為進士。
〇**補充**：青年時期的朱熹特好佛學，其應試時甚至融會了禪家之說去發揮。所以如此，可能與其孤苦的生活經歷相關（故尤留心於生命流逝、世界幻化等問題）。

二十一年辛未（1151），二十二歲。銓試中等，授泉州同安縣主簿。

二十三年癸酉（1153），二十四歲。赴同安任，始見延平李侗愿中。愿中為羅仲素門人，韋齋同門友。
秋至同安。
子塾生。
〇**補充**：初出仕的朱熹每感到仕途與追求佛、道境地間的衝突，且往往形諸詩歌抒發苦悶。往見李侗時雖尚無拜師之意，但多少也是為了解決生命

上的困惑。又李侗當面否定其學問的情況雖令朱子無法認同，但朱子也接受其建議開始細心品味儒家典籍，這便使朱熹的人生逐漸邁向另一方向。

二十四年甲戌（1154），二十五歲。子塾生。

二十六年丙子（1156），二十七歲。秋，秩滿。

二十七年丁丑（1157），二十八歲。候代不至，罷歸。

二十八年戊寅（1158），二十九歲。春正月，再赴延平，見李愿中。
冬，以養親請祠，差監潭州南嶽廟。
○**補充**：在漸瞭解儒學精義後，朱熹的生命重心乃趨向儒道。故在二十五、二十六歲之際，務力於縣學的興振，且也不如從前般嫌惡出仕的生活。又朱子在此年不遠千里徒步拜訪李侗，二人在許多見解上也有了真切的交流。

二十九年己卯（1159），三十歲。校定《謝上蔡語錄》。

三十年庚辰（1160），三十一歲。冬往延平，三見李愿中，正式受學。

三十二年壬午（1162），三十三歲。春，迎謁李愿中於建安，與同歸延平。
六月，高宗內禪，孝宗即位。祠秩滿，復請祠，仍差監南嶽廟。
秋八月，應詔上封事。

○補充：朱熹於上孝宗的文字中，大力闡述人君當用心於格致工夫的道理。而這將其所領悟的儒道運用於政事建言上的做法，也是往後朱熹一直堅持的行爲。

孝宗隆興元年（1163），癸未，三十四歲。冬，至行在，奏事垂拱殿。除武學博士，待次。

《論語要義》、《論語訓蒙口義》成。

十月，李愿中卒於閩帥汪應辰治所。

十一月，由行在歸。

二年甲申（1164），三十五歲。春正月至延平，哭李愿中之喪。比葬，又往會。

秋九月，如豫章哭張魏公之喪，自豫章送至豐城。

《困學恐聞》編成。

○補充：李侗的過世，讓學問仍在成長階段的朱熹頓失依靠。然朱子因參與抗金名臣張浚的喪禮，而與浚子張栻有了較深的接觸，這便埋下朱熹進一步瞭解湖湘之學（即五峰之學）的契機。

乾道元年乙酉（1165），三十六歲。執政方主和議，辭武學博士不就，復請祠，仍差監南嶽廟。

三年丁亥（1167），三十八歲。崇安大水，奉府檄行視水災。

八月，訪張栻敬夫於潭州。十一月，偕登南嶽衡山。是月歸，十二月至家。

除樞密院編修官，待次。

○**補充**：朱熹抱著許多學問上的疑問去拜訪張栻，而他也確實從張栻身上
找到許多答案（且當時朱熹對張栻的學識與風采尤其傾倒）。特別重要的，
則是朱熹吸收了湖湘學派於流動的事物中洞察天理至道的工夫路數，這便
為其次年完成的〈中和舊說〉奠定了基礎。

四年戊子（1168），三十九歲。崇安饑，請府粟以賑。
編《程氏遺書》成。
與張敬夫書論中和。

五年己丑（1169），四十歲。子在生。
九月，丁母祝孺人憂。
○**補充**：朱熹於此年完成〈中和新說〉，從此將學問的格局轉落在程頤涵養
須用敬、進學在致知的架構上。這變動除與湖湘學派劃清界線外，也象徵
了成熟的朱學體系正式成型。

六年庚寅（1170），四十一歲。春正月，葬祝孺人。
秋七月，遷父韋齋墓。

七年辛卯（1171），四十二歲。始立社倉於五夫里。

八年壬辰（1172），四十三歲。《論孟精義》成。
《資治通鑑綱目》成。
《八朝名臣言行錄》成。
《西銘解義》成。

《太極圖說》、《通書解》成。

《程氏外書》成。

《伊洛淵源錄》成。

○補充：此年朱熹或進行、或完成了許多重要著作（大多著作乃涉及其對前輩理學家的瞭解）。又在這段時間內，朱熹亦與湖湘學派的學者展開論辯，其哲理名著〈仁說〉即在此過程中寫成。

淳熙元年甲午（1174），四十五歲。歷年屢辭樞密院編修不就，改差主管台州崇道觀，又屢辭，於六月拜命。

編次《古今家祭禮》。

二年乙未（1175），四十六歲。呂祖謙伯恭來訪於寒泉精舍，同編《近思錄》。

偕呂伯恭同會陸子壽、子靜兄弟於信州鵝湖寺。

秋七月，雲谷晦庵成。

授祕書省祕書郎，辭，并請祠，差管武夷山　祐觀。

冬，令人劉氏卒。

○補充：因呂祖謙與陸九齡的安排，朱熹會見了陸九淵。二人不同的立場也在這會面中明確表達出：朱子不滿陸學趨於簡易、且自信太過的爲學進路，象山則批評朱學流於瑣碎支離，反使學者難見大道。又雲谷晦庵的完成，讓朱子有安居之地可專力建構其學理，而其著名的〈齋居感興二十首〉詩也得以作成。

四年丁酉（1177），四十八歲。《論孟集註》、《或問》成。

《詩集傳》成。

《周易本義》成。

五年戊戌（1178），四十九歲。秋八月，差知南康軍。

六年己亥（1179），五十歲。以屢辭不獲命，候命於鉛山，陸子壽來訪。

三月到任。

十月，復建白鹿洞書院。

七年庚子（1180），五十一歲。張敬夫卒。

應詔上封事。

南康軍旱災，大修荒政。

八年辛丑（1181），五十二歲。陸子靜來訪，與俱至白鹿洞書院，請升講席。

三月，除提舉江南西路常平茶鹽公事，待次。

閏三月，去郡東歸。

七月，除直祕閣。八月，又改除提舉兩浙東路常平茶鹽公事。

呂伯恭卒。

十一月，奏事延和殿。

十二月視事。

九年壬寅（1182），五十三歲。陳亮同甫來訪。

奏劾前知台州唐仲友不法。

除直徽猷閣，改除江南西路提點刑獄公事。又詔與江東兩易其任。

九月，去任歸。辭新任，并請祠。

215

十年癸卯（1183），五十四歲。差主管台州崇道觀。

四月，武夷精舍成。四方士友來者甚眾。

○補充：自再度出仕主持南康軍政事以來，朱熹得到將抱負直接施用於民的機會。尤足稱道的，乃是朱熹對地方教育的重視，與對陷於災荒裡的民眾的及時救助。又朱熹在這時期內也奏劾了不少惡吏，這便導致朱熹與其同志漸爲朝中權臣所忌。而朱熹自身也深感在政事上難以貫徹理想，故又退回其身爲人師的教育崗位。

十一年甲辰（1184），五十五歲。辨浙學。

十二年乙巳（1185），五十六歲。祠秩滿，復請祠，差主管華州雲臺觀。

辨陸學、陳學。

○補充：朱熹不滿陳亮義利雙行、王霸並用的學說，主因擔憂學者將視現實歷史發展爲當然，反放棄了對理想政治的追求，故於此時與陳亮展開論辯。又在同時，朱學與陸學的基本差異在某些誤會的作用下，終於再次引發雙方激烈的爭論。而此番爭辯也導致朱、陸二人喪失了瞭解對方的機會。

十三年丙午（1186），五十七歲。

《易學啟蒙》成。

《孝經刊誤》成。

十四年丁未（1187），五十八歲。

《小學》書成。

差主管南京鴻慶宮。

除江南西路提點刑獄公事，待次。

十五年戊申（1188），五十九歲。奏事延和殿。

除直寶文閣，主管西京嵩山崇福官。

上封事。

除主管西太乙宮，兼崇政殿說書。

始出《太極圖說》、《西銘解義》以授學者。

十六年己酉（1189），六十歲。除祕閣修撰，依舊主管西京崇福宮。

孝宗內禪，光宗即位。

序《大學章句》、《中庸章句》。

辭職名，許之，依舊直寶文閣。

除江南東路轉運副使，辭。

改知漳州。

○補充：朱熹正式為長年撰寫的《大學章句》、《中庸章句》作序文，這代表朱子本人確信其掌握到了先聖要道，且認定自身足以承繼神聖的道統。

光宗紹熙元年庚戌（1190），六十一歲。到郡，修畫經界事宜。

刊《四經》、《四子書》於郡，

二年辛亥（1191），六十二歲。長子塾卒。丐祠，歸治喪葬。

復除祕閣修撰，主管南京鴻慶宮。

四月，去郡。

九月，除荊湖南路轉運副使。辭不赴。

三年壬子（1192），六十三歲。

始築室於建陽之考亭。

除知靜江府廣南西路經略安撫使，辭。

《孟子要略》成。

四年癸丑（1193），六十四歲。差主管南京鴻慶宮。

除主潭州荊湖南路安撫使。

五年甲寅（1194），六十五歲。五月至鎮。

七月，光宗內禪，寧宗即位。

八月，赴行在。

除煥章閣待制，兼侍講。

十月，奏事行宮便殿。

受詔進講《大學》。以上疏忤韓侂冑，罷。

十一月至玉山，講學於縣庠。

還考亭，竹林精舍成。後更名滄洲。來學者益眾。

慶元元年乙卯（1195），六十六歲。提舉南京鴻慶宮。

二年丙辰（1196），六十七歲。落職罷祠。

始修《禮書》，名曰《儀禮經傳通解》。

三年丁巳（1197），六十八歲。

《韓文考異》成。

○**補充**：因觸怒權臣韓侂冑，朱熹友人趙汝愚、呂祖儉已於慶元元年遭貶，朱熹弟子蔡元定於慶元二年被斥（朱子於同年亦落職罷祠）。此年十二月，朱子及其同志正式被朝廷列爲僞學逆黨，是謂慶元黨禍。

四年戊午（1198），六十九歲。集《書傳》。
引年乞休。

五年己未（1199），七十歲。
《楚辭集註》、《後語》、《辨證》成。
有旨致仕。

六年庚申（1200），七十一歲。
三月辛酉改《大學‧誠意章》，甲子卒。
十一月，葬建陽縣大林谷。

國家圖書館出版品預行編目資料

朱熹經學志業的形成與實踐

陳志信著. – 初版. – 臺北市：臺灣學生，
2003[民 92]
面；公分
參考書目：面

ISBN 957-15-1170-6 (平裝)

1. (宋)朱熹 – 學術思想 – 經學

125.5   92001790

朱熹經學志業的形成與實踐 （全一冊）

著　作　者：陳　　　　　志　　　　　信
出　版　者：臺　灣　學　生　書　局
發　行　人：孫　　　　善　　　　治
發　行　所：臺　灣　學　生　書　局
　　　　　　臺 北 市 和 平 東 路 一 段 一 九 八 號
　　　　　　郵 政 劃 撥 帳 號 ： 00024668
　　　　　　電　話 ： (02)23634156
　　　　　　傳　眞 ： (02)23636334
　　　　　　E-mail : student.book@msa.hinet.net
　　　　　　http : //studentbook.web66.com.tw
本書局登
記證字號 ：行政院新聞局局版北市業字第玖捌壹號
印　刷　所：宏　輝　彩　色　印　刷　公　司
　　　　　　中 和 市 永 和 路 三 六 三 巷 四 二 號
　　　　　　電　話 ： (02)22268853

定價：平裝新臺幣二三○元

西 元 二 ○ ○ 三 年 二 月 初 版

臺灣 學生書局 出版

經學研究叢刊